Die Feste im Kirchenjahr

Herausgegeben von
Erhard Domay und Hanne Köhler

Gottesdienste und Erläuterungen
zum Feiern in gerechter Sprache

Gütersloher Verlagshaus

Bibliografische Information Der Deutschen Bibliothek
Die Deutsche Bibliothek verzeichnet diese Publikation in der Deutschen Nationalbibliografie; detaillierte bibliografische Daten sind im Internet über http://dnb.ddb.de abrufbar.

ISBN 3-579-05544-5

Umschlaggestaltung: Init GmbH, Bielefeld
Satz: Katja Rediske, Landesbergen
Druck und Bindung: Těšínská Tiskárna AG, Český Těšín
Printed in Czech Republic

www.gtvh.de

Inhalt

»Gerecht« sprechen – die Gerechtigkeit Gottes feiern

Helga Kuhlmann

In den Gottesdienstentwürfen dieses Bandes werden Predigttexte verwendet, die im Rahmen des Projektes »Bibelübersetzung in gerechter Sprache« bereits fertig gestellt wurden. Nicht nur in den biblischen Predigttexten, sondern auch in den liturgischen Texten und in den Predigtgedanken soll »gerecht« gesprochen werden. Was bedeutet das? Kann Sprache »gerecht« sein? In welchem Sinn können Texte eines Gottesdienstes und die Sprache einer Bibelübersetzung »gerecht« sein?
Von Gerechtigkeit sprechen wir, wenn es um die Verteilung von Gütern geht, vor allem von Eigentum und seit einigen Jahrzehnten von ökologischen Ressourcen. Wir problematisieren, dass unter den Bedingungen begrenzter knapper Güter unterschiedliche Menschen ungleich viel besitzen. In Programmen des Sozialstaats wird Gerechtigkeit zwischen sozial Schwachen und Wohlhabenden hinsichtlich der Verteilung von Eigentum, aber auch hinsichtlich der Nutzung allgemeiner Rechte und Güter wie der Gesundheitsversorgung, der Bildung oder öffentlicher kultureller Räume angestrebt. Der Erlass von Schulden versteht sich als ein Schritt auf dem Weg zur Gerechtigkeit zwischen den reichen Ländern der Welt und den Ländern des Südens.
Gerechtigkeit in der Sprache betrifft demgegenüber die Kommunikation unter Menschen. Durch Sprache können Menschen, die anwesend sind, unsichtbar gemacht werden. Ebenso können sie durch Sprache anerkannt werden. Wie über sie gesprochen wird, so viel Gewicht wird ihnen verliehen. Wird über sie in Texten geschwiegen, die spätere Generationen lesen, verschwinden sie auch aus der Erinnerung. Wenn in den Texten biblischer Bücher nur von Brüdern in der Gemeinschaft der Christusglaubenden gesprochen wird, obwohl auch Frauen hinzugehörten, können spätere Generationen, die diese Texte lesen, nicht mehr erkennen, ob und auf welche Weise Frauen an der Praxis der Gemeinschaft beteiligt waren. Das Schweigen verdoppelt das Verschweigen der früheren Zeitzeugen.

Im Projekt »Bibelübersetzung in gerechter Sprache« wird Gerechtigkeit in der Sprache nicht nur zwischen Geschlechtern angestrebt. Darüber hinaus bemühen sich die Übersetzenden um eine nicht-antijudaistische Sprache, eine Spra-

che, die die Erkenntnisse des jüdisch-christlichen Dialogs bewusst aufnimmt. In diesem Fall soll eine Übersetzung nicht einen im Text gegebenen Antijudaismus »verbessern«. Sie soll aber deutlich machen, dass die neutestamentlichen Texte in ihrer Gesamtheit oder großenteils innerjüdische Auseinandersetzungen spiegeln. Christliche und jüdische Religion waren noch nicht institutionell ausdifferenziert. Vielmehr setzen sich an den Messias glaubende Jüdinnen und Juden mit den jüdisch glaubenden Menschen auseinander, die in Jesus nicht den Messias erkennen und anerkennen. Unter dieser Voraussetzung bedeutet eine kritische Bemerkung gegenüber jüdischen Institutionen und Hierarchien etwas anderes, als würden hier Personen aus einer christlichen institutionalisierten Kirche Schriftgelehrte, Hohepriester und Leitungsorgane einer jüdischen Synagoge angreifen. Eine Übersetzung kann diesen im griechischen Text gemeinten Sinn durch Relativsätze oder Attribute zeigen. Ein anderes Beispiel ist der häufig mit »Heiden« übersetzte Begriff, der wörtlich »Völker« bedeutet und der alle nicht-jüdischen Menschen meint. Bei diesem Aspekt der Übersetzung in gerechte Sprache geht es darum, Antijudaismen, die durch die Übersetzung in die Texte eingetragen wurden, zu vermeiden und sie durch angemessenere Differenzierungen als die zwischen fingierten Kirchenangehörigen und Angehörigen der jüdischen Religion zu ersetzen.
In einer dritten Hinsicht sucht das Projekt »Bibelübersetzung in gerechte Sprache« gerechter zu sprechen als manche frühere Übersetzungen. Sie bemüht sich dadurch um soziale Gerechtigkeit, dass sie an die Stelle einer spiritualisierenden Sprache die häufig leibbezogenen und beziehungsorientierten dynamischen Wortgehalte der hebräischen und der griechischen Sprache stärker zum Ausdruck bringt, als dies anderen Übersetzungen gelungen ist. Hier kann das Beispiel genannt werden, dass der »Geist« Gottes im Hebräischen und im Griechischen mit demselben Begriff bezeichnet wird wie der »Wind« und der »Atem«. Das häufig als »Seele« übersetzte Wort im Hebräischen bedeutet zugleich »Kehle«, das als Erbarmen übersetzte Wort ähnelt stark dem Wortlaut des Mutterschoßes. Diese Beispiele können zwar noch keine unmittelbare sozialpolitische Relevanz veranschaulichen, wohl aber eine Tendenz zur konkreten, körper- und beziehungsbezogenen Sprache. Direkter auf soziale Strukturen zu beziehen ist die Übersetzung eines Begriffes, der bisher im Deutschen vorrangig als »Demut« übersetzt wurde, dessen Bedeutungsfeld aber nicht nur und nicht primär auf eine innerliche freiwillige Selbstzurücknahme gegenüber einer anderen höher gestellten Person bezogen ist, sondern ebenso aussagt, dass die »Demütigen« »Gedemütigte« und sozial Erniedrigte sind. Auch eine soziale oder ökonomische Selbst-Gleichstellung mit Niedrigen kann damit bezeichnet werden, die sich zum Beispiel in freiwilligem Besitzverzicht äußert oder in einer Fußwaschung, wie sie von Jesus überliefert wird, der seinen Jüngern die Füße wäscht, und wie sie in manchen frühen Gemeinden unabhängig von bleibenden sozia-

len Differenzierungen unter den Gemeindeangehörigen gegenseitig praktiziert wurde. Ein weiteres Beispiel stellt die Übersetzung von *doulos* bzw. *doule* dar, das viele mit »Knecht« bzw. »Magd« übersetzen und das genauso »Sklave« bzw. »Sklavin« bedeutet. Die sich selbst im Lied als *doule* des *kyrios* bezeichnende Maria kennen wir aus zahlreichen Fassungen des Magnificat als »Magd des Herrn«. In der Verknüpfung mit der »Seele/Kehle«, von der es heißt, dass sie den *kyrios* erhebt oder groß macht, lag es nahe, die Selbsterklärung zur Magd des Herrn als freiwillige innerliche und typisch weibliche Unterordnung unter den männlichen Herrn Jesus zu deuten. Dass hier eine Frau singt, die vermutlich selbst arm war und als Sklavin arbeitete, wird in einer solchen Übersetzung nicht mehr transportiert. Demgegenüber kann die Übersetzung »Sklavin« selbst in einer Gesellschaft wie der unsrigen, in der offiziell nahezu weltweit die Sklaverei verboten ist und in der wir dennoch von »Sexsklavinnen« sprechen, eher vermitteln, dass der Singenden sozial elementare Rechte und Güter vorenthalten werden und sie doch vom *kyrios* auserwählt und damit gesegnet wird, dass er Großes an ihr tut.

Was nun »gerechte« Sprache in der *Übersetzung* bedeutet, ist mit den Sensibilisierungen für bestimmte durch die Übersetzung entstandene Asymmetrien nicht im Einzelnen beantwortet. Häufig muss abgewogen werden. Bedeutet »gerecht« in der Übersetzung zu sprechen, die verschwiegenen Frauen durch die Übersetzung sichtbar zu machen, indem dort, wo »Brüder« steht, »Brüder und Schwestern« übersetzt wird, oder bedeutet dies, »Brüder« in der Übersetzung stehen zu lassen, um zu dokumentieren, dass bereits die Autoren ihre damaligen Texte nicht geschlechtergerecht in dem Sinn verfasst haben, dass sie alle Beteiligten erwähnten. Sie haben bestimmte Gruppen von Anwesenden intendiert oder nicht intendiert, vielleicht nur aus Gewöhnung an solche Auslassungen, verschwiegen. Gegenwärtig erkennen wir möglicherweise etwas anderes als gerecht an als zur Zeit der Entstehung der jeweiligen übersetzten Texte. Die Antwort auf die Frage nach der Gerechtigkeit der Übersetzung hängt zwar sicherlich auch von den jeweiligen Kontexten ab, liegt aber trotz der Absicht, gerecht zu sprechen, nicht auf der Hand, sondern verlangt Entscheidungen, die mit anderen Gewichtungen auch anders getroffen werden könnten. Diese liegen in der Verantwortung der Übersetzenden. Einfach sind sie nicht und Fragen an die Textgemäßheit sowie an die Gerechtigkeit der Übersetzung werden sie nicht stillstellen können.

Viele der Texte dieses Buches machen die Gerechtigkeit in der Auswahl der Begriffe zum Thema. Sie fragen danach, was gerecht sein könnte in der Wahl der Begriffe für die Übersetzung oder für die liturgische und die Predigtsprache der Gegenwart. Indem sie versuchen, »gerecht« zu sprechen, geben sie dem

Sprechen selbst Bedeutung für einen gerechten Umgang aller, die den Gottesdienst miteinander feiern. Sie gehen mit der Sprache um wie mit einem Festkleid der Gerechtigkeit, mit einem Kleid, das die Schönheit und den Glanz der Gerechtigkeit unterstreicht. Dabei schreiten sie eine Jahresrunde ab, einen Weg durch die besonderen Feste des Kirchenjahrs. In den Texten der hellen und der dunklen Festtage wird so die Gerechtigkeit Gottes gefeiert. Insofern wollen auch die Texte dieses Bandes Gott dienen und Gestalten dafür finden, wie Gott im Gottes-Dienst gelobt werden kann. Sie regen an, sich darum zu bemühen, nicht nur die Verhältnisse politisch gerecht zu gestalten. Der Einsatz für Gerechtigkeit bedeutet einerseits, auch Schwache an den Gütern partizipieren zu lassen, über die eine Gemeinschaft und eine Gesellschaft verfügt. Es bedeutet, denen Recht, soziale Güter und Anerkennung zuteil werden zu lassen, die ausgegrenzt und benachteiligt wurden und werden. Ein Element gerechter Praxis darüber hinaus besteht andererseits in der Kommunikation untereinander, in der Sprache, mit der wir untereinander und in der wir über und mit Gott sprechen.
Insbesondere die Kommunikation von Männern und Frauen, von Starken und Schwachen, von Wohlhabenden und von sozial Benachteiligten in Gottesdiensten sowie das Denken und das Sprechen von Christinnen und Christen über Inhalte und über Menschen jüdischen Glaubens in gottesdienstlichen Festen können zum exemplarischen »Sprachraum« der Gerechtigkeit Gottes werden. Weiterhin unterschieden als Frauen und Männer, als Schwache und Starke, als Wohlhabende und als Arme feiern Christinnen und Christen gemeinsam Gottesdienst, halten und hören Predigten, rufen Gott in der Liturgie an, wenden sich an Gott mit Dank, Bitte, Klage und Lob. Die Gestalt der gemeinschaftlichen Gespräche mit Gott, des gemeinsamen Nachdenkens über Texte, die von Gott erzählen, die Form, in der Gottes Gabe an uns Menschen, Gottes Nähe und Gerechtigkeit in der Verkündigung, im Abendmahl und in der Taufe gefeiert wird, sollte den Inhalten möglichst weitgehend entsprechen. Sie sollte der Gerechtigkeit Gottes entsprechen, die als Mit-Teilung und Anteilgabe an Gottes Liebe erfahren wurde und wird, die Schwache stärkt, die Schuldigen vergibt und die jedem und jeder genug gibt. Die Freude über die Gerechtigkeit Gottes und die Kraft dieser Gerechtigkeit motivieren dazu, auch eine gerechte Sprache zu suchen. Die Texte der Gottesdienste, die in diesem Band vorgeschlagen werden, wollen dafür offen sein, dass sich, so Gott will, in ihnen ein Vorgeschmack von der Gerechtigkeit zeigen kann, deren Aufrichtung durch Gott für alle am Jüngsten Tag verheißen ist.

1. Advent
Das Evangelium nach Matthäus 21,1-9

Matthias Millard und
Georg Pape

Zum Text

Mt 21,1-9

[1]Und als sie sich Jerusalem näherten und nach Betfage an den Ölberg kamen,
damals sandte Jesus zwei von den Jüngern und Jüngerinnen aus [2]und sagte zu
ihnen: »Geht in das Dorf, das vor euch liegt, und gleich werdet ihr eine Eselin
angebunden finden und ein Fohlen bei ihr. Bindet sie los und führt sie zu mir.
[3]Und wenn jemand euch anspricht, so sollt ihr sagen, dass ich sie brauche und
sofort zurückschicken werde.« [4]Das geschah aber, damit erfüllt würde, was
gesagt ist durch die Schrift:
[5]»Sagt der Tochter Zion:
Siehe! Dein König kommt zu dir –
braucht keine Gewalt, kommt in Armut
und reitet auf einer Eselin und auf einem Fohlen, einem Eselsjungen.«
[6]Da gingen sie und taten, wie es ihnen Jesus befohlen hatte, [7]brachten die Ese-
lin und das Fohlen herbei und legten ihre Gewänder auf sie und Jesus setzte
sich auf sie.
[8]Die gewaltige Volksmenge aber breitete ihre Gewänder auf dem Weg aus, an-
dere schnitten Zweige von den Bäumen und streuten sie auf den Weg. [9]Die Volks-
menge aber, die Jesus voranzog und nachfolgte, rief:
»Hosanna dem Nachkommen Davids!
Gesegnet, wer eintritt mit dem Namen Gottes!
Hosanna in den Höhen!«
Übersetzung von Bettina Eltrop

Die im Text erzählte Handlung wird in den Versen 4f. markant unterbrochen und gedeutet: Der Befehl Jesu wird anders als in den synoptischen Parallelen mit einem kombinierten Zitat einiger Worte aus Jes 62,11 und eines Großteils von Sach 9,9 begründet. Das gebietende Wort Jesu und das Handeln seiner Jüngerinnen und Jünger ist nach diesem Kommentar Erfüllung der prophetischen Verheißung. Die Hinführung zum Text ist daher auf das Thema seiner biblischen Theologie fokussiert.

Für historisch-kritisch geschulte Leserinnen und Leser mag die Einleitung des kombinierten Zitates überraschen, da es aus Texten stammt, die heute oft mit wenig hilfreichen Etiketten wie »Tritojesaja« oder »Deuterosacharja« versehen sind. Sach 9,9 gehört zu einer Fortschreibung von Sach 1-8 aus der Zeit des Alexanderfeldzuges (vgl. Sach 9,13) im Angesicht einer überwältigenden fremden Macht. Die Personalisierung in Mt 21,4 (wörtlich: »der Prophet«), in der Zitate aus zwei prophetischen Büchern kombiniert und einem Propheten zugewiesen werden, ist Zeichen des Verstehens der Texte als Kanon. Dies gibt die Übersetzung »durch die Schrift« wieder.
Historisch ist der Kanon bereits mit dem Wachsen sehr unterschiedlicher prophetischer Texte zu umfangreichen prophetischen Schriften wie Jesaja oder Sacharja nachweisbar. Die Spätphase dieses Wachsens einzelner Schriften ist wegen der Bezüge zwischen verschiedenen Büchern nur im Zusammenhang der Entstehung einer zunächst zweiteiligen Sammlung von Tora (»5 Bücher Mose« oder »Gesetz«) und prophetischen Schriften denkbar. Diese Sammlungen sind Teil einer Fortschreibung und schriftgelehrten Interpretation etwa ab der Zeit des babylonischen Exils. Innerhalb einer solchen Sammlung, mithin einer Bibel, kommentieren nicht nur die jüngeren Texte die älteren. Vielmehr entsteht ein komplexes Ganzes, das vielfältig zusammenklingt, auch widerstreitet. So streitet Sach 9,9 gemeinsam mit Gen 49,10f., aber auch mit dem Davidbild der Psalmen, gegen die erhoffte militärische Erneuerung des israelitischen Großreichs, und Mt 21,1-9 stimmt darin ein.
Die Schriften des Neuen Testaments führen die Fortschreibung und Weiterinterpretation innerhalb der Gruppen von Jesus beeinflusster Jüdinnen und Juden sowie der von diesen missionierten Nichtjüdinnen und Nichtjuden fort. Dies legt das Matthäusevangelium, im Kanon immerhin die Einleitung des Neuen Testaments, nahe. Innerhalb dieses Evangeliums gibt es außer unserer Erzählung eine Reihe von Texten, die zeigen, wie dieses Evangelium Tora und Propheten (Mt 5,17; 7,12; 11,13; 22,40) gelesen wissen will. Die so genannten Reflexionszitate durchziehen das Evangelium von Mt 1,22f. bis Mt 27,9f. Was an Jesus geschieht (Mt 3,15) und was er macht (z.B. Mt 12,1-14), ist Erfüllung der Schrift. Jesus ist Prophet (Mt 21,10!), deshalb setzt sich hier »Schrift« fort. Die Lektüre des (durch Ergänzung des Neuen Testaments so genannten) Alten Testaments soll überaus wörtlich erfolgen, nicht nur oberflächlich mit den großen Buchstaben, sondern auch mit den kleinen Zeichen, die die Lese- und Interpretationstradition als notwendig ergänzenden Bestandteil des Bibeltextes ausweisen (Mt 5,18).
Wie wörtlich gemäß dem ersten Evangelium das Alte Testament ausgelegt sein will, zeigt auch ein Detail unserer Erzählung: Da in Sach 9,9 zwei verschiedene Begriffe für einen Esel benutzt werden, erzählt Mt 21,6 ausdrücklich, dass Jesus auf zwei Tieren nach Jerusalem hinein geritten ist – wie auch immer das konkret gedacht sein mag.[1] Selbst, wo die wörtlichste Aufnahme eines Textes

gesucht wird, produzieren Leserinnen und Leser Bedeutungen, die dem Text nicht völlig gerecht werden. Zum einen findet sich die Doppelung der Begriffe für Esel bzw. Eselinnen in Sach 9,9 innerhalb einer für hebräische Poesie typischen Stilfigur, in der dieselbe Sache in einem so genannten Parallelismus mehrmals in leichter Variation sprachlich umspielt wird. Vom Hebräischen her findet sich diese Stilfigur auch in den griechischen Übersetzungen der hebräischen Bibel. Der neutestamentliche Text Mt 21,5 liest hingegen aus Sach 9,9 ein (vermutlich weibliches) erwachsenes Tier und ein (eher männliches) Junges. Die Formulierung in der Erzählung Mt 21,7 bleibt wie die übliche griechische Übersetzung der Septuaginta in Sach 9,9 ohne Hinweis auf eine Geschlechtsbestimmung. Im hebräischen Text Sach 9,9 kann hingegen der erste Teil des Parallelismus eher einen Esel oder eine Eselin meinen, der in seinem zweiten Teil in Richtung auf einen Eselhengst präzisiert wird.[2] Mt 21 versteht mit der realen Doppelung von Muttertier und Jungem Sach 9,9 so wörtlich, dass der Text missverstanden scheint. Doch illustriert dieses Bild eines Messias, der in seiner Mission dem Tierkind nicht das Muttertier entzieht, den in Sach 9,9 angekündigten Verzicht auf Gewalt.

Innerhalb des Neuen Testaments gibt es Zitate alttestamentlicher Texte, die sie bereits im Zuge der Übersetzung gegen ihren ursprünglichen Sinn in der hebräischen Bibel im Sinne der Theologie der christlichen Gemeinden umdeuten, vor allem mit der Eintragung christologischer und ekklesiologischer Gedanken.[3] Im Gesamtbild spiegelt damit die Zitation des Alten Testaments im Neuen das Spektrum von Bezügen, innerhalb derer sich jedes Nachsprechen eines Textes um Gerechtigkeit bemühen muss: Es heißt, dem Text auf der historischen Ebene seiner kanonischen Gestalt gerecht zu werden, aber die Begegnung des Textes mit der Welt der Leserin bzw. des Lesers wird mit immer neuen Erfahrungshorizonten einen Text in immer neue Bedeutungen führen. In dieser neutestamentlichen Horizontverschmelzung führt die Erfahrung der Begegnung mit Jesus als dem Christus zu einem Neulesen der Schrift.

Auch die Gemeinde des ersten Evangeliums kennt einen auf Christus bezogenen, verfremdenden Gebrauch der Schrift. Mt 21,9 ist ein Beispiel dafür: Das Zitat aus Ps 118,25f. wird als ein gemeindlicher Lobpreis auf Jesus in die Erzählung eingebunden. Im Kontext der hebräischen Bibel passt die dortige Aufforderung Gottes zur Rettung als Teil des Schlusses des ägyptischen Hallels Ps 113-118 in den Situationskontext von Mt 21 als Vorbereitung auf eine Pesachfeier, die an die Befreiung Israels aus Ägypten erinnert. Doch die Übernahme der hebräischen Buchstaben wird im neutestamentlichen Text zu einem Lobpreis Jesu als Nachkomme Davids. Im christlichen Zusammenhang scheint beim »Hosanna« der Rettungsaspekt gegenüber dem Lobaspekt verblasst.[4] Der Lobaspekt des »Hosanna« ist bereits in Ps 118 präsent, besonders am siebten Tag des Laubhüttenfests. Auch die Aufnahme der Sitte des Willkommensgrußes an Wallfahrtsfesten als Segen mit dem heiligen Namen Gottes (Ps 118,26; 129,8) zeigt, dass die matthäische Gemeinde im biblischen jüdischen Brauch stark verwurzelt ist und bleibt. Schließlich wird die Gemeinschaft des »Hosanna« bis in den Himmel erweitert, die sozial (Gemeinschaft mit himmlischen Wesen) und zeitlich (Himmel als Darstellung von Zukunft) menschlicherseits unverfügbar ist.

Das Zurückdrängen des Rettungsaspektes beim Hosanna deckt sich mit einer Auslassung eines Teils von Sach 9,9, der die Gerechtigkeit und Rettungswirksamkeit des Verheißenen betont: Die prophetische Verheißung hat damit einen Überschuss, der durch das Wirken Jesu nicht völlig realisiert scheint. Entsprechend warten auch Jüdinnen und Juden weiter auf den verheißenen Retter, der auf einem Esel reitet.[5] Aber auch für christliche Leserinnen und Leser, in deren Bibel der originale Text Sach 9,9 neben Mt 21,5 steht, ist dies eine Perspektive. Dem Text Mt 21,1-9 wird nur gerecht, wer die in ihm enthaltene doppelte Perspektive einer biblischen Theologie durchhält: eine wörtliche Lektüre der Bibel vom Anfang her, nah an der jüdischen Perspektive, und daneben eine Lektüre des Alten Testaments vom Neuen her, was die Möglichkeit einer christlichen Neuinterpretation einschließt. Nur das Aushalten dieser Spannung wird auch der bleibenden jüdisch-christlichen Verbundenheit gerecht. Am ersten Advent bedeutet dies, dass Jüdinnen und Juden sowie Christinnen und Christen auf den Messias warten, nur dass Christinnen und Christen glauben, dass er auch schon gekommen ist.

Matthias Millard

1. Von Justin bis zur Reformation dominieren zu Mt 21,5 allegorische Auslegungen.
2. Mt 21,5 übersetzt damit frei, aber nah an der überlieferten Septuaginta.
3. Gut zehn Prozent der Zitate im Neuen Testament verfremden christologisch oder ekklesiologisch. Knapp zehn Prozent entfallen auf Zitate, die wie die in Fragmenten erhaltenen griechischen Übersetzungen aus der Zeit nach der Zerstörung des zweiten Tempels näher am hebräischen Text bleiben wollen.
4. Vgl. Didache 10,6.
5. Vgl. Babylonischer Taldmud: Traktat Berakhot 56b, Traktat Sanhedrin 98a u.ö.

Zum Gottesdienst

Votum

Wir feiern diesen Gottesdienst am ersten Sonntag im Advent
im Namen Gottes,
der Macht, die uns leben lässt,

im Namen Jesu Christi,
der sich auf Gott verlassen hat bis in den Tod,
im Namen der Geisteskraft,
die uns als Gottes Volk und Jesu Geschwister verbindet.

Einleitung

Advent.
Gott kommt bei uns an,
verändert unsere Welt,
verändert uns.
Maßstäbe geraten durcheinander
von Unten und Oben,
von Groß und Klein,
von Ohnmacht und Macht.

Der Nachkomme Davids:
nicht auf hohem Ross,
nicht mit Rang und Namen,
nicht mit Pauken und Trompeten –
auf einer Eselin und ihrem Fohlen,
auf dem Arbeitstier der kleinen Leute
kommt er an.
Seine Ankunft,
seinen Advent
wollen wir bedenken,
wollen wir feiern
in diesem Gottesdienst.

Begrüßung untereinander

Wir sind nicht nur
als einzelne Menschen hier.
So unterschiedlich wir auch sind
mit unseren Erfahrungen und Lebensgeschichten,
unseren Empfindungen und Erwartungen,
unseren Hoffnungen und Zweifeln –
sind wir doch auch Gemeinde.
Ich lade deshalb dazu ein,
dass alle sich noch einmal erheben,
einander wahrnehmen,

auf Menschen zugehen,
die sie kennen – oder auch nicht –
und einander begrüßen.

Lied

Nach der Melodie von EG 300.
Freut euch, Gott kommt in Freundlichkeit.
Macht Türen auf und Tore weit!
Dann reicht ins Herz, spielt im Gesicht
das Licht, das Dunkelheit durchbricht.

Freut euch, es kommt das Heil der Welt.
Gott schuf Erdkreis und Himmelszelt,
das Meer, die Tiere, Berg und Tal,
dazu die Menschen allzumal.

Freut euch, Gott lässt uns nicht allein.
Mit Jesus zieht die Liebe ein.
Sie ist es, die den Frieden bringt.
Seid fröhlich, Menschen, jauchzt und singt.

Freut euch an Gottes Freundlichkeit.
Macht Türen auf und Herzen weit!
Dann kommt, was jede Nacht durchbricht:
Trost, Güte, Segen, Heil und Licht.
Eugen Eckert

Eingangsgebet

Deines Tores
Höhe
erhebt mich
aus meiner Niedrigkeit
Deines Tores
Breite
gibt mir
Anteil an
Deinem Volk
Deines Tores
Bogen

verleiht
meinem Dasein
Spannkraft
Deines Tores
Haupt
errichtet mir
meinen Willen
Deines Tores
Gold
schmilzt
an meiner Sehnsucht
Wolfgang Dietrich

Kyrie

Komm, Gott,
wir sehnen uns nach dir.
Komm, Gott,
wir brauchen dich.
Komm uns nahe, Gott,
mit deiner Gerechtigkeit.
Kyrie-Strophe: EG 178.12

Psalm- und Gloriagebet im Wechsel

Macht die Türen auf

Alle:
Macht die Tore weit
und die Türen in der Welt auf.

1. Gruppe:
Lasst sie neu einziehen in die Welt: die Achtung.

2. Gruppe:
Ist Gott nicht zu uns gekommen,
unscheinbar und verachtet, in einem Kind,
damit wir die Achtung neu lernen?

Alle:
Macht die Tore weit
und die Türen in der Welt auf.

1. Gruppe:
Lasst sie neu einziehen in die Welt: die Hoffnung.

2. Gruppe:
Hat Gott sie nicht neu entzündet unter uns;
ein Licht, das sich ausbreitet?

Alle:
Macht die Tore weit
und die Türen in der Welt auf.

1. Gruppe:
Lasst sie neu einziehen in die Welt: die Gerechtigkeit.

2. Gruppe:
Vor Falschheit und Trug aber
haltet die Türen fest verschlossen.

Alle:
Macht die Tore weit
und die Türen in der Welt auf.

1. Gruppe:
Lasst Menschen neu zueinander finden.

2. Gruppe:
Ja, dass Menschen sich menschlich begegnen,
dazu brecht die Riegel ab
und baut die Schlösser aus.

Alle:
Macht die Tore weit
und die Türen in der Welt auf,
und ihr werdet Gottes Segen empfangen.
Klaus Bastian, Psalm 24

Gloria-Strophe

Nach der Melodie von EG Hessen 570; Kanon.
Heilig, heilig, heilig bist DU, Gott,
DU allein bist Gott, DU allein bist Gott.
in gerechte Sprache gebracht von Georg Pape

Lesung

Dezember-Psalm

Mit fester Freude
Lauf ich durch die Gegend
Mal durch die Stadt
Mal meinen Fluss entlang
Jesus kommt
Der Freund der Kinder und der Tiere
Ich gehe völlig anders
Ich grüße freundlich
Möchte alle Welt berühren
Mach dich fein
Jesus kommt
Schmück dein Gesicht
Schmücke dein Haus und deinen Garten
Mein Herz schlägt ungemein
Macht Sprünge
Mein Auge lacht und färbt sich voll
Mit Glück
Jesus kommt
Alles wird gut
Hanns Dieter Hüsch

Halleluja-Strophe: EG

Text

Für drei SprecherInnen.
(1) »Advent«. Das ist ursprünglich kein christliches Wort. Es geht zurück auf das lateinische adventus. Dieses Wort bezeichnete das pompöse Zeremoniell, mit dem die Ankunft der römischen Kaiser in einer ihrer Provinzen oder auch ihre Rückkehr nach siegreichen Feldzügen gefeiert wurde.

(2) Prächtige Empfänge wurden dann vorbereitet, Opfertiere geschlachtet und die Stadt geschmückt. Krokusparfum wurde versprengt, Bonbons unters Volk geworfen. Triumphzüge wurden inszeniert, Demonstrationen der Allmacht, der Unverwundbarkeit und des grenzenlosen Reichtums.

(3) Berichte über solche Polit-Rituale können wir z.B. nachlesen in der Kaiserbiographie des römischen Geschichtsschreibers Sueton (ca. 69-140 n.Chr.). Den

Advent des Kaisers Claudius nach der Eroberung Britanniens beschreibt er mit folgenden Worten:

(1) »Sechs Monate, nachdem er in See gestochen war, kehrte er nach Rom zurück und hielt einen Triumphzug unter größter Pracht und Prunk. Er gestattete nicht nur den Statthaltern der Provinzen, sondern auch einigen Verbannten zu diesem Schauspiel in die Stadt zu kommen. Zwischen den von den Feinden erbeuteten Rüstungen befestigte er eine Schiffskrone am Giebel seines Hauses auf dem Palatin gleich neben der Bürgerkrone; daran sah jeder, dass er über den Ozean gesetzt und ihn sozusagen bezwungen habe. Seinem Triumphwagen folgte seine Gattin in einer Karosse; es folgten auch die Leute, die sich im Krieg Triumphabzeichen erworben hatten; aber alle mussten zu Fuß folgen. Nur M. Crassus Frugi, der Held und besondere Freund des Kaisers, folgte auf einen Pferd, das mit Stirn- und Brustschmuck verziert war, und in einem Gewand, das mit eingestickten Palmenzweigen geziert war ...«[6]

(2) Der dort ankam, war nicht nur ein Kaiser. Sondern es kam ein Gott, der zu verehren war. Gut erhaltene Advents-Münzen zeigen auf der einen Seite den göttlichen Kaiser und auf der anderen das »Advent-Schiff«, mit Kriegsbeute »geladen bis an sein' höchsten Bord«. – Und die Beschriftung solcher Münzen lautet etwa: »Adventus Augusti« – »Ankunft des Anbetungswürdigen.«

(3) Auch Advent-Hymnen und -gebete sind erhalten, wie z.B. dieser Jubelruf für den göttlichen Kaiser:
»Siehe, da ist Gott,
da ist er, vom Vater im Himmel eingesetzt
mit der Vollmacht,
auf glücklicher Erde zu herrschen.«[7]

Lesung: Mt 21,1-9(10-11)

Lassen Sie uns vor diesem Hintergrund das Evangelium vom anderen Advent hören, vom Einzug Jesu in Jerusalem: Es folgt Lesung Mt 21,1-9(10-11).

Lied: »Der Eselreiter« (EG Hessen 547,1-4)

Predigt

Hinweis: Für die Predigt nehme ich die Verse 10 und 11 dazu.

Adventus Augusti

Wir müssen ja nicht nur an Adolf Hitlers Einzug auf Reichsparteitagen denken oder an die Militärparaden, mit denen andere Diktatoren ihre Macht demonstrieren, wenn wir in unserer Zeit wieder finden wollen, was die römischen Kaiser mit ihrem *adventus* inszenierten. Längst kennen wir das auch aus der Fernsehunterhaltung: wenn der rote Teppich ausgerollt wird, auf dem die Glamour-Stars Einzug halten; wenn die Schönheiten ihren Rolls-Royce und Mercedes entsteigen, im Jubel ihrer kreischenden Fans baden, sich einfinden, um sich feiern zu lassen und sich versammeln zum großen »Who ist Who?« des Showbusiness. Wer hier wer ist – das ist dann allerdings keine Frage mehr: die hier ihren Auftritt zelebrieren, haben hohen Rang in den Charts und wohlklingende Namen. Sie sind die Idole der Massen.

Der andere Advent

»Wer ist das?« So fragt sich erregt die ganze Stadt Jerusalem (Vers 10). Hier wird eine Gegengeschichte erzählt: Jesu Einzug in Jerusalem. Nicht auf hohem Ross, keine Kriegsbeute im Gepäck oder Provinzfürsten im Gefolge. Keine Demonstration von Macht und Reichtum. Sondern das genaue Gegenteil: Machtlosigkeit und Armut!
Welch ein König, der nicht auf einem Schimmel oder einem Rappen in die Stadt kommt, sondern auf dem Tier der kleinen Leute?! Der Evangelist allerdings weiß, um wen es sich hier handelt: »Das ist Jesus, der Prophet aus Nazareth in Galiläa.« Und die Menschen jubeln – erstaunlich genug, kommt er doch ganz anders, als sie es erwartet hatten –: »Hosianna dem Sohn Davids!« Hosianna dem Nachkommen des Friedenskönigs! Gelobt sei, der da kommt im Namen Gottes! Dieser Jubelruf ist das Glaubensbekenntnis des Matthäus. Mit Jesus kommt die Befreiung, auf die das Volk schon so lange gewartet hat. Es ist die Befreiung von Machtansprüchen und Gewalttätigkeit. Es ist die Befreiung zum Frieden, die mit Jesu öffentlicher Ent-rüstung beginnt.

Der Zwang zur Selbstverwirklichung

Worin liegt die Kraft dieser Ent-rüstung? Die Frage »Wer ist der?« stellen sich Menschen nicht nur im Blick auf den Jesus. »Who is Who?« Diese Frage ist unter uns stets gegenwärtig. Ihr entspricht die andere Frage: »Wer bin ich?« Sie zu beantworten, ist vielleicht unser vorrangigstes Interesse – sagen zu können: »Ich bin wer! Ich bin bedeutend. Ich bin einzigartig!« Wie viel Gewalt resultiert aus den Antworten, die Menschen zu allen Zeiten gegeben haben, aus dem Zwang, sich beweisen, Recht haben, sich Geltung verschaffen zu müssen, die (Selbst-)Achtung nicht zu verlieren. »Es gibt eine Gewalt, die eine düstere Beantwortung der

Frage ›Wer bin ich?‹ ist. Gewalt kann Sinn geben, wenn auch einen fürchterlichen. Ein Mensch kann in der Gewalt, die er anwendet, sich selber sagen: ›Du bist bedeutend und einzigartig!‹ Wenn schon niemand diesem Menschen sagt, dass er einen Wert hat; wenn sonst niemand ihn einzigartig findet, dann eben kommt er unter den Zwang, mit dem Mittel der Gewalt sich selber einzigartig zu finden ... Der Zwang, atemlos hinter sich selbst her zu sein, sich in der Erbauung und Verteidigung seiner selbst und in der Angst um sich selbst zu erschöpfen; sich selber behaupten zu müssen, ist der Ausgangspunkt so vieler furchtbarer Gewalt ...«
Fulbert Steffensky

Beispiel: der Amoklauf eines jugendlichen Losers in einem Erfurter Gymnasium im Frühjahr 2002 und andere Beispiele.

Ich habe dich bei deinem Namen gerufen

Glaube als Weg zu Gewaltverzicht und Frieden gründet in der Gewissheit: Ich habe einen Namen, bevor ich mir einen Namen machen kann. Ich muss nicht atemlos hinter mir selbst her sein, um mir einen Namen oder meinem Namen Ehre zu machen.

Spirituelle Übung

Wo es möglich ist, kann die Predigt hier für eine kleine Atemübung (ca. 10 Min.) unterbrochen werden.

Anleitung:
Sie sitzen möglichst aufrecht, nicht angelehnt in Ihrer Bank, auf Ihrem Stuhl; Ihre Füße stehen in bequemem Abstand fest auf dem Boden; Ihre Augen sind geradeaus gerichtet, schweifen nicht umher, ruhen auf einem festen Punkt in Ihrem Blickfeld (z.B. Altar, Kruzifix, Taufbecken, das Motiv in einem Kirchenfenster usw.).

- Legen Sie nun beide Hände leicht auf Ihren Leib;
- spüren Sie die durch den Atem verursachte Bewegung Ihrer Bauchdecke: wie sie weit wird beim Einatmen und schmal beim Ausatmen;
- atmen Sie durch die Nase ein und durch den Mund aus;
- lassen Sie Ihren Atem kommen und gehen, ohne ihn bewusst zu steuern;
- warten Sie, wenn Sie ausgeatmet haben, bis der Atem von selbst wieder kommt;
- machen Sie sich bewusst, dass Sie zu Ihrem Atem nichts beitragen müssen: er kommt und geht von selbst. Er begleitet Sie von der ersten bis zur letzten Sekunde Ihres Lebens, ohne dass Sie ihn »machen« müssen;

- sprechen Sie in Gedanken für sich diese Sätze: »Nicht ich atme – Es atmet mich – Gott atmet in mir«.
- denken Sie jetzt an Situationen, in denen Sie atemlos werden, Situationen von Anstrengung, Aufregung, Stress, Konkurrenz, Angst ...;
- wiederholen Sie auch während dieser Bilder für sich die drei Sätze: »Nicht ich atme – Es atmet mich – Gott atmet in mir.«
- während Sie Ihren Atem weiter ruhig kommen und gehen lassen, spüren Sie diesem Wort »lassen« nach: Was will und kann ich (los-)lassen, um zu Gelassenheit und Frieden mit mir selbst und anderen zu finden?
- hören Sie dieses Wort aus dem Prophetenbuch Jesaja:
  Dich hat nun Gott geschaffen, Jakob, dich gemacht, Israel. Und deshalb spricht Gott so: »Hab keine Angst, ich habe dich doch befreit, ich habe dich bei deinem Namen gerufen, zu mir gehörst du.
  Wenn du durchs Wasser gehst, bin ich bei dir, und Ströme überfluten dich nicht. Wenn du durchs Feuer gehst, verbrennst du nicht, und die Flamme versengt dich nicht. Denn ich bin dein Gott ... weil du in meinen Augen teuer und wertvoll bist und weil ich dich liebe.« (Jes 43,1-4).

Es folgt ruhige (Orgel-)Musik.

Hosianna singen – Erkennbar werden!

Schon lange, bevor wir uns mit aller Gewalt einen Namen machen können, haben wir, jede und jeder, einen Namen – bei Gott! Wie unser Atem ist der Name, den wir bei Gott haben, einfach da. Wir sind frei von dem Zwang, stets hinter uns selbst her zu sein – in der Erbauung oder Verteidigung unserer selbst. Diese Gewissheit wird in dem Eselreiter greifbar und kommt in den Gassen Jerusalems bei Jesu Einzug zur Sprache. Denn Gewaltlosigkeit, Gerechtigkeit und Friede fangen damit an. Wie aber können wir in den Jubel angesichts des sich entrüstenden Nachkommens Davids einstimmen? Öffentlich Hosianna singen auf Straßen und Plätzen, in Büros und Kaufhäusern, im Fußballstadion und am Urlaubsstrand? Davor würde ich selber wie wahrscheinlich viele andere zurückschrecken (Angst vor Spott und Hohn? Angst, den Mund zu voll zu nehmen? Angst vor »Mission«, wo wir doch in einer Welt leben, in der mittlerweile zwar Wirtschaftsunternehmen von ihrer Mission sprechen, das Wort aber im Zusammenhang von Glauben und Religion verpönt ist?). Andererseits: Ich möchte die verbreitete Sprachlosigkeit in Sachen Glauben überwinden lernen, das Evangelium unserer Befreiung an andere weitergeben. Ich möchte, dass Kirche erkennbar wird als die Gemeinde derer, die dem Weg Jesu folgen.

Mit den Kindern und Enkelkindern den anderen Advent feiern

Erkennbar werden, laut und vernehmlich die Tradition unserer Befreiung, unser Bekenntnis zu dem Christus Jesus und seinem anderen Advent zur Sprache bringen – darum geht es. Was derzeit in unserem Land notwendig ist, ist aber nicht unbedingt die spektakuläre Aktion, sondern eher die »molekulare Revolution« (Leonardo Boff). Die Wochen des Advent sind dazu eine besondere Herausforderung. Nach einer Umfrage wissen etwa 39 % der 6 bis 12-jährigen Kinder in Deutschland nicht, warum wir Weihnachten feiern. »Jedes fünfte Kind lag mit seiner Vermutung komplett daneben« (Frankfurter Rundschau vom 1.12.2003, S. 1). An dieser Stelle können wir beginnen, Sprachlosigkeit zu überwinden und erkennbar zu werden. Denn: Es gibt eine sanfte Art, unsere Kinder und Enkelkinder verkümmern zu lassen, nämlich indem wir uns weigern, ihnen Orientierung zu sein. Wovon aber sollen sie leben, wenn alle Lieder und alle Geschichten verloren sind? Orientierung für die Kinder sein heißt: Weitererzählen, was wir lieben, indem wir weitererzählen, was wir glauben. Und wir geben Leben weiter, indem wir die Geschichten des Lebens weitergeben. Aber oft kommen die großen Sätze der christlichen Tradition zu spät, die die Menschen Söhne und Töchter Gottes nennen; die ihnen sagen, dass sie zur Freiheit berufen sind und dass ihnen Würde versprochen ist. Sie haben vielleicht schon lange gelernt, dass sie Sklaven sind, dass niemand den Zwängen entkommt. Und vielleicht leben sie schon viel zu lange in dem Irrtum, Leben und Geist würden sich in tödlicher Selbsterjagung erschöpfen. (angeregt durch Fulbert Steffensky)

Lied: »Sieh, Jesus kommt in niedern Hüllen« (nach EG 14,1.5-6)

Sieh', Jesus kommt in niedern Hüllen,
ihn trägt der lastbar'n Es'lin Füllen,
empfang' ihn froh, Jerusalem.
Trag ihm entgegen Friedenspalmen,
bestreu' den Pfad mit grünen Halmen,
so ist's dem Christus angenehm.

Du, Gott von großer Lieb' und Treue,
o komme du auch jetzt aufs Neue
zu uns, die wir sind schwer verstört.
Not ist es, dass du selbst hienieden
kommst, zu erneuen deinen Frieden,
dagegen sich die Welt empört.

O lass dein Licht auf Erden siegen,
die Macht der Finsternis erliegen
und lösch der Zwietracht Glimmen aus,
dass wir, die Völker und die Thronen,
geschwisterlich zusammen wohnen
in deinem großen, weiten Haus.

Friedrich Rückert 1834; in gerechte Sprache gebracht von Georg Pape

Fürbitten/Weihnachtsgebet

Wir wollen beten um das licht
das in die finsternis der welt
und in die finsternis unserer herzen scheint

Lass dein licht leuchten
allen gefangenen in der welt
den unpolitischen und den politischen
schick dein licht zu denen
die dreißig tage unter einer kapuze stecken
und gefoltert werden
an vielen anderen orten der welt
lass sie wissen dass dein licht immer noch scheint
lass sie wissen dass wir sie nicht vergessen
in deinem licht

Lass dein licht leuchten
allen hoffnungslosen in der welt
den wissend und den ahnungslos hoffnungslosen
schick dein licht zu denen
die immer noch mehr waffen brauchen
um ruhig zu schlafen
lass uns dein gewaltloses licht sehen lernen
im umgang miteinander
und im leben mit anderen völkern
denen wir weizen und wissen schulden
lass sie wissen dass dein licht auch hier
im lande von nacht und nebel
immer noch da ist
lass sie wissen dass wir nicht einen toten
der beiden weltkriege vergessen werden
in deinem licht

Lass dein licht leuchten
allen einsamen in der welt
allen alleingelassenen und hinterbliebenen
allen jungen menschen die sich nicht zu hause fühlen
und allen verlassenen frauen
lass uns nicht an ihnen vorbeisehen
sondern dein licht des trostes verbreiten
lass die einsamen wissen

dass niemand allein ist
nicht im schmerz
nicht in der depression
nicht in der niederlage um der gerechtigkeit willen
lass uns dein licht sehen
damit wir selber licht werden
mach uns stark in deinem licht
der gewaltfreiheit
des gedächtnisses
der solidarität
und lass uns beten wie Jesus es uns gelehrt hat

Unser vater

Gott segne uns und behüte uns
das licht von bethlehem scheine in unsern herzen
und dringe vor aus dem elendsstall
bis in die paläste
wir sind das licht der welt
geht hin frieden zu schaffen
Dorothee Sölle

Vaterunser

Sendung und Segen

Geht hin,
singt das Lied von Gott
euren Kindern.

Geht hin,
ruft Gewaltlosigkeit aus
da, wo ihr lebt.

Geht hin,
seid die Stimme der Hoffnung
auf den Frieden Gottes.

Gott segne und behüte dich ...

Georg Pape

6. Sueton: Das Leben der römischen Kaiser, Düsseldorf 2001, 295.
7. Ethelbert Stauffer: Jerusalem und Rom im Zeitalter Jesu Christi (Dalp-Taschenbücher 331), Bern 1957, 37.

Weihnachten
Der Brief an Titus 2,11-14

Christiane Thiel

Zum Text

Die Christvesper ist ein besonderer Gottesdienst. Ich rechne mit einer Kirche voller Menschen, die gespannt und zugleich eigentümlich gleichmütig sind, von denen ich annehme, dass sie zu den »Weihnachtschristinnen und -christen« gehören, die mit großen Erwartungen an Stimmung, Lieder, Licht und Wort zugegen sind. Ich weiß aber auch, dass – egal wie ungenügend der Gottesdienst sein mag – im nächsten Jahr wieder dieselben und wieder viele Menschen zu Weihnachten in der Kirche sein werden. Das kränkt meinen Stolz und tröstet mich auch. Beim Bedenken der Situation gerate ich in ein Dilemma: Wie viele Neuerungen vertragen die Anwesenden, von denen behauptet wird, sie suchten des Vertraute und Althergebrachte? Ein Krippenspiel gehört möglicherweise bereits zur Tradition. Aber kann ich ihnen die vertrauten biblischen Texte in der »schonungslosen« Variante der »gerechten« Sprache zumuten? Die Lyrik der Lutherübersetzung hat sich eingeprägt. Das »Es begab sich aber zu der Zeit« ist zum Synonym heiler Kindheitserinnerungen, heimeliger Stunden und glanzvoller Träume geworden. Darf ich daran rühren?
Nach einem Blick in die Übersetzung des Evangeliums in »gerechte Sprache« verliere ich den Mut: Die Hirtinnen und Hirten auf dem Feld, das Kind in einer Futtermulde ... Neue Sprache, die sichtbar macht und Klarheit schafft, parteiisch und deutlich ist, aber: Passt sie zum verklärten Fest?
Nach einer Christvesper rief mich eine Frau an, um ihrer rechtschaffenen Entrüstung Luft zu machen. Die Übersetzung, die ich nähme, wäre völlig falsch, nicht nur wegen der Hirtinnen, auch wegen des Schweinekobens. In Israel gibt es keine Schweinekoben! Genauso wenig, wie es Schweine gibt! Ich stimmte ihr zu, bemerkte, dass sie sich verhört haben müsste, und las vor: Und sie brachte ihr erstes Kind zu Welt, wickelte es in Lumpen und legte es in eine Futtermulde, weil es sonst keinen Platz in ihrer Unterkunft gab. (Lk 2,7) Ich konnte es ihr nicht recht machen. »Und wenn schon. Ich glaube, Gott hat Jesus wenigstens Windeln geschenkt und es nicht bei Lumpen belassen.« Über die Hirtinnen haben wir gar nicht erst diskutiert. Das galt als so unmöglich, dass es keiner weiteren Erwähnung würdig war. Dabei hätte ich so gern gefragt, wer wohl ihrer

Meinung nach heute in den armen Ländern des Südens die Kleintierherden hütet? Auffällig an der Geschichte ist, wie schwerwiegend sie sich verhört hatte und wie aufgebracht sie war.
Diese Begebenheit lässt mich nicht los. Ich durfte seitdem nicht wieder in dieser Gemeinde predigen. »Meine« Übersetzung war Thema der nächsten Kirchenvorstandssitzung, zu der ich leider nicht eingeladen wurde. Zu Weihnachten geht das nicht, sagte mein Kollege weise und feige.
Es geht zu Weihnachten. Es muss gehen, wenn ich will, dass sich Sprache und Bilder des Wunders der Menschwerdung Gottes zu neuer Tiefe wandeln. Das lässt sich gut am ungeliebten Predigttext Tit 2,11-14 verdeutlichen. Wenn ich mit der Lutherübersetzung arbeite (revidierte Ausgabe 1984), stellt sich mir eine sperrige Ermahnung in den Weg, deren moralinsauren Unterton ich der Gemeinde nicht zumuten will.[8] Die Übersetzungsarbeit an Tit 2,11-14 kann zeigen, wie dieser Text zu einer Offenbarung der Liebe Gottes werden kann, ohne dass der Zumutungscharakter des Evangeliums geschmälert würde.

Tit 2,11-14

(11) Denn die göttliche Gnade ist erschienen, die alle Menschen rettet.
(12) Sie erzieht uns, damit wir uns der Gottlosigkeit und den weltlichen Verstrickungen verweigern und besonnen, gerecht und verantwortlich leben im Hier und Jetzt.
(13) Wir erwarten die glücklich zu preisende Hoffnung und das Erscheinen des die höchste Gottheit umgebenden Lichtglanzes und unseres Retters, Jesus (, der) Christus (ist).
(14) Christus gab sich selbst für uns, um uns *von aller Gesetzlosigkeit zu erlösen* [Ps 130,8.] und für sich zu reinigen als ein *auserwähltes Volk* [Dtn 14,2], das eifert nach guten Werken.
Übersetzung von Angela Standhartinger

Bei den Versen 11-14 handelt es sind um einen kerygmatischen Einschub innerhalb eines belehrenden und erzieherischen Briefes, der bemüht ist, die Kirche als hierarchisch organisierte Lebensform zu etablieren, in der die Männer das Sagen haben, die Sklavinnen und Sklaven wieder gehorsam und ergeben und die Frauen still und gebärfreudig sein sollen. Die Perikope steht aber, ebenso wie Tit 3,4-7, in einer merkwürdigen Spannung zu diesen Absichten. Vielleicht handelt es sich um »geprägte« Sprache, vielleicht um liturgische Formeln oder Gebete, die die Verfassenden des Briefes eingearbeitet haben? Die Pastoralbriefe, so Ulrike Wagener, bemühen sich, das Christentum für die pagane Umwelt der römischen Gesellschaft, besonders deren Eliten, attraktiv und akzeptabel zu machen. Dabei sind sie bereit, die egalitäre Vision der urchristlichen

Bewegung zu verraten.[9] Die kerygmatischen Einschübe wiederum könnten Erinnerungen oder Anklänge an diese »andere Seite« des Christentums sein. Die Verse in Kapitel 3 jedenfalls klingen ebenso wie unsere nach Widerstand inmitten langweiliger und obrigkeitsergebener Gehorsamspredigt. Vielleicht handelt es sich um »Zwischenrufe« Aufmüpfiger?
Jedenfalls verhelfen die beiden Stellen dem Brief zu einer theologischen Aussagekraft, die möglicherweise zur Aufnahme des Titusbriefes in den Kanon des Neuen Testaments und in die Perikopenordnung geführt hat.
Was bewegt mich, die Perikope zu predigen? Welche Entdeckungen ermöglicht mir die »Gerechte Sprache« an diesem Text? Gibt es einen Zugang, der, wenn einmal Luthers »Zucht« aus Vers 12 weg ist, ohne süßlich zu werden, etwas transportiert, das ich bergen und in der vollen Weihnachtskirche weitergeben will?

Zunächst entdecke ich, dass die Problematik der Pastoralbriefe, das Christentum für eine den jüdisch-christlichen Egalitätsanspruch bekämpfende und ablehnende Gesellschaft attraktiv zu machen, genau meiner Situation entspricht. Ich bin Pfarrerin in einem Land, dessen Wirtschaftssystem aggressiv und menschenverachtend ist, dessen Asylgesetze definitiv gegen die Gebote der Thora verstoßen, dessen Waffenexporte zum Tod zahlloser Unschuldiger führen und dessen wirtschaftliche Stärke in der Missachtung der Menschenrechte außerhalb der eigenen Grenzen (oder der europäischen) begründet ist. Schon als Christin in der DDR lebte ich in dieser scheinbar ausweglosen Situation, Teil des Systems zu sein und doch Widerstand üben zu müssen, wenn ich meinen Glauben ernst nehme. Daran hat sich als Bürgerin der Bundesrepublik wahrlich nichts geändert.

Mich erreicht der Zwischenruf Aufmüpfiger, als den ich den Predigttext ansehen möchte, in einer Zwickmühle, die durch den Zeitpunkt im Kirchenjahr noch verstärkt wird. Ich nehme die Platzhalterfunktion der herausgehobenen Zeiten im Jahreskreis ernst und stelle bei mir und den Menschen, mit denen ich lebe, fest, dass diese Zeit den Platz für die Frage nach dem »Ort Gottes« offen hält. Die Flut der weihnachtlichen Krippendarstellungen, der Holz- und Plastikengel, der Verballhornung der kitschigen Geborgenheitsweihnacht in der Werbung – das alles weist offensichtlich auf die Frage nach dem Ort Gottes hin. Ich spitze meine Vermutung zu und behaupte, gegen alle hochmütigen Einwände, die Gottesdienstgemeinde der Christvesper ist eine Gemeinde aus Gottsuchenden. Und es ist kein Zufall, dass sie sich immer wieder darauf einlassen, den ohnmächtigen, angewiesenen Gott zu finden, der in der Futtermulde liegt, in Lumpen gewickelt. Der Titustext nimmt die Ohnmacht der weihnachtlichen Gottesoffenbarung auf und steigert sie bis zum Karfreitaggeschehen (Vers 14). Dabei wird die Ohnmacht zwar nicht ausdrücklich thematisiert, aber in den klaren Folgen des Geschehens (die Handlungsanweisungen, die in der Lutherübersetzung so drohend moralisch klingen und in der »gerechten Sprache« zu Maßgaben ethischen Handelns und verantwortlichen Lebens werden [Vers 12]) scheint das auf, was Dorothee Sölle immer wieder als das »Wärmen Gottes« in der Welt beschrieben hat. Der sich als angewiesen offenbarende Gott der Geburt braucht die Wärme der Liebe der Menschen. Wenn am Ende (Vers 14) der Blick auf das »auserwählte« Volk gelenkt wird, beginnt und vollendet sich die Geschichte Gottes im Auszug Israels aus dem Sklavenhaus Ägyptens und in der Auferstehung aus den Toten. Die Erinnerung an die Auferstehung wiederum ist ein Zwischenruf Aufmüpfiger, sich nicht geschlagen zu geben in der Welt des Todes.

---

8. Thies Gundlach geht in seiner kritischen Auseinandersetzung mit dem Predigttext so weit, dass er behauptet »erst wenn Moral und Ermahnung endlich Urlaub machen, dann ist wirklich Weihnachten«. Den Abschnitt des Titusbriefes bewertet er als Ausdruck der »Ermüdung des heiligen Staunens«, einer möglicherweise notwendigen Folge der Erschöpfung der »Welle des Anfangs« zum »Strand des Gewöhnlichen«. Er fragt: »Ist das die Strafe der Spätgeborenen, die den frischen Geist des Anfangs verpasst haben?«, Thies Gundlach, in: Chrismon plus (12/2003), 34.
9. Vgl. Ulrike Wagener: Die Pastoralbriefe. Gezähmter Paulus – domestizierte Frauen, in: Luise Schottroff/Marie-Theres Wacker (Hg.): Kompendium Feministische Bibelauslegung, Gütersloh 1998, 661-675.

Zum Gottesdienst

Bei der liturgischen Ausformung beginne ich am Ende des Predigttextes, beim Auszug Israels aus Ägypten und ende mit dem Weihnachtswunder, dem Erscheinen der göttlichen Gnade, die alle Menschen rettet.
Sofern die Tradition eines Krippenspieles besteht, wäre es schön, folgende Szenen würden einstudiert und im Verlauf des Gottesdienstes aufgeführt.

Szene 1 (vor der Eingangsmusik)

Zwei Personen (Mutter und Kind?) gehen durch den Mittelgang der Kirche nach vorn, setzen sich auf zwei bereitstehende Stühle, nah beieinander (der Eindruck großer Vertrautheit soll entstehen). Nach einer bewussten Stille fragt die jüngere Person (jP) die ältere (äP), ein Gespräch beginnend:
jP: Mutter, warum ist diese Nacht eine besondere Nacht?
äP: Es ist die heilige Nacht.
jP: Was macht eine Nacht heilig?
äP: Eine Nacht wird durch unsere Worte heilig. Durch unsere Erinnerungen, durch das, was wir uns erzählen.

jP: Woran erinnern wir uns heute Nacht?
äP: Heute erinnern wir uns, dass wir Gott finden können.
jP: Wie das?
äP: Unsere Vorfahren haben uns Bilder von ihren Begegnungen mit Gott hinterlassen.
jP: Wie sehen diese Bilder aus?
äP: Es sind Geschichten.
jP: Erzähl mir eine!
äP: Als das Volk Israel in Gefangenschaft in Ägypten war.
jP: Wann war das?
äP: Das ist sehr lange her. Ich weiß nicht genau: vielleicht 4000 Jahre?
jP: Und dann?
äP: Gott hörte das Weinen seiner Kinder. Sie waren traurig. Sie wurden geschlagen und ausgebeutet. Ihre Kinder starben jung.
jP: Was hat Gott gemacht?
äP: Gott suchte sich die Geschwister Mose und Mirjam aus. Sie gingen voran, als Gott das Volk aus Ägypten befreite. Alle Geknechteten standen auf und gingen fort. Sie nahmen ihre Kinder und Alten, das wenige, das sie besaßen, und liefen davon.
jP: Und die Ägypter?
äP: Die verfolgten sie. Bis an die Zähne bewaffnet. Sie sahen ihre Arbeitssklaven davonlaufen, ihren ganzen Reichtum. Die kriegen wir, dachten sie.
jP: Und?
äP: Mose und Mirjam kannten den Weg. Sie wussten, dass Gott mit ihnen war. Sie schafften es bis ans Schilfmeer. Wie sollten sie übers Wasser kommen?
jP: Sie fanden Schiffe?
äP: Nein, Gott teilte das Wasser. Alle kamen hindurch. Als aber die Ägypter hinter ihnen herjagten, schlugen die Wellen zusammen und sie ertranken, samt ihren Pferden, Waffen und Rüstungen.
jP: Und dann?
äP: Die Frauen feierten Gottes Rettung mit einem Tanz.
jP: Und dann?
äP: Ja, dann begann eine lange Wanderung durch die Wüste. Endlos. Weit. Lang. Viel länger, als sie erwartet hatten. Sie wurden zu einem Nomadenvolk, das sich in der Wüste auskennt, das immer unterwegs ist.
jP: Wollten sie das so?
äP: Nein, aber sie fanden keinen Ausweg aus der Wüste.
jP: *Steht auf und ruft (schreit) in den Raum:*
Werden sie ankommen?

Gehen ab. ÄP hält sich für die Lesungen bereit.

Musik

Votum/Gruß

L = LiturgIn.
L: Als Gott die Gefangenen Israels aus der Sklaverei befreite und ihnen den Weg durch die Wüste in die Freiheit bahnte, fühlten sie sich wie Träumende. Ein Gott, der namenlose, hoffnungslose, wertlose, bedeutungslose Arbeitstiere befreit, sich ihnen zuwendet und ihnen Menschenwürde verleiht, sie zu Menschen macht, die beim Namen gerufen werden können?
Das ist Gott?
Ja, das ist unser Gott!
Eine Gottheit der Befreiung.

Ein Leben unterwegs ist etwas Fremdes.
Ein fahrendes Volk.
Gott im Zelt.
Maria und Joseph sind unterwegs.
Nach Bethlehem.
Und später nach Ägypten.
Auf der Flucht.

Gott wendet sich uns zu,
kennt unsere Namen und ruft uns beim Namen,
spricht uns an,
gibt uns Würde,
bringt Glanz in unser Leben und in unser Herz,
lädt uns zum Gottesdienst ein,
wir sind geladene Gäste.

Auch wir laden Gott ein,
weil wir einen Namen brauchen,
wir brauchen die Zuwendung Gottes,
um Menschen in Freiheit und Würde zu sein.
Wir laden Gott ein.
Komm in unsere Mitte!

Lied: »Wie soll ich dich empfangen?« (EG 11,1-3)

Eingangsgebet

Zwei Personen: L1 und L2.

L 1 Gott, was für ein Tag! Wir feiern deine Nähe. Du Gott, unfassbar, wirst Mensch. Was für ein Tag!

L 2 Du bist Gott für die Schwachen, die Ausgebeuteten, die Unterdrückten. Du bist Gott für die Menschen, die auf Gerechtigkeit hoffen.

L 1 Gott, was für ein Tag! Du wirst ein Kind, zerbrechlich und klein, zart und empfindsam. Ein Wunder, du Gott der Wunder. Hilf uns, dich zu verstehen.

L 2 Du bist Gott für die Ohnmächtigen und bist selbst ohnmächtig geworden. Nicht nur als Kind, auch am Kreuz des Karfreitags. Du bist Gott und teilst unser Leben bis zuletzt. Du bist uns nah.

L 1 Gott, was für ein Tag. Deine Geburt erinnert uns an den Sieg des Lebens über den Tod. Du bist die Auferstehung und das Leben. Hilf uns, das zu glauben.

L 2 Du bist durch die Zeiten treu. Hier in unserer Kirche erinnern wir uns. Du hast dich in Erinnerung gebracht durch alle Jahre. Alle Jahre wieder. Von Ewigkeit zu Ewigkeit sei dir Ehre, Lob und Preis.
Amen.

Lied: »O komm, o komm, du Morgenstern« (EG 19,1-3)

Psalmgebet

Der Psalm kann auf dem Liedzettel, den es sicher zur Christvesper gibt, abgedruckt werden, so dass die Gemeinde beteiligt werden kann.

A: Als Gott die Gefangenen Zions erlöste,
da wurden unsere Träume wahr,
B: da war voll Lachen unser Mund,
voll des Ruhmes unsere Zunge.
A: Und die Völker haben sich erzählt:
»Großes hat Gott an ihnen getan.«
B: Ja, Großes wird Gott an uns tun,
des sind wir unseres Lebens froh.
A: Wende doch, Gott, unser Geschick,
wie du versiegte Bäche zum Leben bringst
in der Wüste.
B: Die mit Tränen säen,
sollen mit Jubel ernten.
A: Sie gehen hin unter Tränen
und bringen ihre Samen aus.

B: Sie kommen wieder mit Freuden
und sammeln ihre Garben ein.
Alle: Dir Gott sei Ehre von Ewigkeit zu Ewigkeit. Amen.
Holger Mingram

Lied: »Es ist ein Ros entsprungen« (EG 30,1-2)

Lesung: Jes 9,1-6

Schön wäre es, wenn die äP die Lesungen übernehmen würde. adonai/gott: Es ist entweder adonaj oder gott zu lesen.

[1]Das Volk, diejenigen, die im Finstern wandeln,
sehen ein großes Licht;
über denen, die das Todesschattenland bewohnen,
geht ein Licht auf.
[2]Du mehrst das Volk, machst ihm die Freude groß.
Sie freuen sich vor deinem Antlitz,
wie sie sich bei der Ernte freuen,
wie sie beim Verteilen der Beute jubeln.
[3]Denn das Joch, das auf dem Volk lastete,
den Stab auf seiner Schulter,
den Knüppel des Antreibers über ihm
hast du zerbrochen – wie am Tag,
als Gideon Midian besiegte.
[4]Denn jeder Soldatenstiefel, marschierend mit Gedröhn,
und der Mantel, gewälzt in Blut,
wird verbrannt, ein Fraß des Feuers.
[5]Denn ein Kind ist uns geboren,
ein Sohn ist uns gegeben,
und die Regierungsverantwortung liegt auf seiner Schulter.
Sein Rufname wird sein:
»Ratgebend-wunderbar«, »Gott-ist-stark«,
»Vater-und-Mutter-auf-immer«, »Im Dienst des Friedens«.
[6]Um seine Regierungsverantwortung zu mehren
und für einen Frieden ohne Ende
auf dem Thron Davids und in seinem Machtbereich,
um sie fest zu gründen
und um sie zu stärken mit Recht und Gerechtigkeit,
wird von nun an und für immer
die Leidenschaft adonais/gottes der Himmelsmächte dies (alles) tun.
Übersetzung von Magdalene L. Frettlöh

Lied: »Es ist ein Ros entsprungen« (EG 30,3-4)

Szene 2

Beide Personen treten wieder auf. Sie stehen Rücken an Rücken, den Kopf überstreckt in den Nacken und sprechen nach oben:
jP: Ein Nomadenvolk orientiert sich an den Sternen.
äP: Wenn ein Stern fehlt, verliert die Karawane die Richtung.
jP: In der Wüste haben sie schöne Träume gehabt.
äP: Du meinst die Vision des Jesaja?
jP: Ja.
äP: Ja, schöne Visionen. Das Volk hatte durch alle Zeiten große Visionen. Ein visionäres Volk.
Sie drehen sich zur Gemeinde. Stehen nebeneinander.
jP: Was nützen Träume? Muss nicht auch mal was wahr werden?
Rufend, die Hände zum Trichter vor dem Mund formend, laut:
äP: Es ist etwas wahr geworden.

Lesung: Lk 2,1-7

1 In jenen Tagen erließ Kaiser Augustus den Befehl, dass alle Menschen des Erd-
kreises sich in Steuerlisten einzutragen haben. 2 Diese Volkszählung war die Erste
und fand statt, als Quirinius als Statthalter in Syrien regierte. 3 Und alle gingen
in die Stadt, zu der sie gehörten, um sich eintragen zu lassen.
4 Auch Josef aus Nazaret in Galiläa reiste nach Judäa in die Stadt Davids, die
Betlehem genannt wird, weil er zu den Nachkommen und zum Stamm Davids
gehörte. 5 Er ließ sich zusammen mit Maria, seiner Verlobten, einschreiben. Sie
war schwanger. 6 Als sie dort ankamen, war es an der Zeit für sie zu gebären.
7 Und sie brachte ihr erstes Kind zur Welt, wickelte es in Lumpen und legte es in
eine Futtermulde, weil es sonst keinen anderen Platz in ihrer Unterkunft gab.
Übersetzung von Claudia Janssen

Lied: »Ich steh an deiner Krippen hier« (EG 37,1-2)

Glaubensbekenntnis

Sofern ein Credo üblicherweise in der Christvesper gesprochen wird, wird das Folgende auf dem Gottesdienstblatt mit abgedruckt.
Sind wir die Letzten, die glauben,
glauben an das, was war,
sind wir nur übrig geblieben,

übrig von dem, was war?
Andere sehn nur das Heute,
sehen nur das, was ist.
Sind wir die Letzten, die glauben,
glauben an das, was war?

Sind wir die Ersten, die glauben,
glauben an das, was wird,
sind wir die Vorhut von morgen,
Vorhut von dem, was wird?
Andere sehn nur das Heute,
sehen nur das, was ist.
Sind wir die Ersten, die glauben,
glauben an das, was wird?
Lothar Zenetti

Lied: »Ich steh an deiner Krippen hier« (EG 37,3-4+9)

Fürbittengebet

Gebetet durch die beiden Personen.
»Wir wollen beten um das licht« von Dorothee Sölle, siehe oben S. 25.

Vaterunser

Gemeinsam.

Lied: »Weil Gott in tiefster Nacht erschienen« (EG 56,1-5)

Aussendung und Segen

Durch die beiden LiturgInnen des Eingangsgebetes.
L 1: Denn die göttliche Gnade ist allen Menschen erschienen.
L 2: Gottes Gnade komme zu uns!
L 1: Denn die göttliche Gnade ist erschienen, die alle Menschen rettet.
L 2: Gottes Gnade rette uns!
L 1: Christus gab sich selbst für uns, um uns von aller Gesetzlosigkeit zu erlösen.
L 2: Unser Erlöser segne und behüte uns und stärke unsere Hände zu Taten der Gerechtigkeit! Amen.

Lied: »Stille Nacht, heilige Nacht« (EG 46,1-3)

Musik

Predigtskizze

Eingangspassage

Dreihundertvierundsechzig Tage kommen die meisten Menschen ohne Gott aus, jedenfalls ohne Kirche. Bloß heute nicht. Heute sind alle Kirchen voll. Überall in Deutschland. Selbst die hinterletzte winzige Kirche: Ihre erleuchteten Fenster strahlen in den Abend, in ihr sitzen Menschen dicht beieinander, gucken nach vorn zu den Kerzen, der Krippe, dem Stroh ... Es ist Heiliger Abend und wir sind hier. Bei Gott. In der Kirche.
Das ist kein Zufall. Das ist schön.

Zunächst werden Sie sagen: Ich brauche eben die Kirche sonst nicht.
Das bestreite ich gar nicht.
Dann sagen Sie vielleicht: Meinen Gott habe ich immer bei mir.
Da widerspreche ich Ihnen. Wenn das so wäre, müssten Sie heute nicht hier sein.
Das ist ein besonderer Ort. Ich spüre das. Immer wieder.
Gott passt nicht in die Westentasche. Auch nicht zwischen Buchdeckel, auch nicht auf eine CD-Rom. Gott braucht mehr Platz. Selbst die Kirche ist zu klein.
Aber etwas von Gott ist hier. Der Predigttext (aus dem Brief an Titus im 2. Kapitel) sagt: Denn die göttliche Gnade ist erschienen.
Denn die göttliche Gnade ist erschienen.

Die letzten Wochen haben mich verändert. Der Vorweihnachtstrubel, die Beleuchtung, die Kerzen, der Duft, der Geschmack der Pfefferkuchen: Aus meiner Novembermüdigkeit wurde diese seltsame Vorfreude, diese Aufregung, die Heiterkeit.
Mit mir ist noch mehr passiert: Ich habe festgestellt, dass diese Zeit etwas mit Gott zu tun hat. Das ist nicht so deutlich zu Ostern, erst recht nicht zu Pfingsten. Aber die vergehende Zeit, die abläuft wie in einer Sanduhr, Tag für Tag ein Türchen, jede Woche eine Kerze mehr ... da bahnt sich was an, da braut sich was zusammen. Die anderen Festzeiten im Jahr kennen solche Symbolik nicht. Ich werde an die vergehende Zeit erinnert. Mit den Tagen vergeht auch mein Leben. Aber in der Adventszeit ist erstaunlich: Ich freue mich, dass die Zeit vergeht. Ich bin so gespannt auf das, was kommt, dass mir die Endlichkeit und die Vergänglichkeit meiner Zeit keine Angst machen. Das ist schon was Besonderes, finde ich. Und dann ist es so weit.

Heute ist der Tag da.
Und: Was ist es?
Es ist bloß eine Geschichte.
Bloß eine Erinnerung.
Eine Erinnerung, mehr nicht?

Sie wissen alle, dass es die Erinnerungen sind, die dem Leben Gewicht und Wert geben. Ob es die Erinnerungen an die erste Liebe, die Geburt der Kinder, die Beerdigung der Großmutter oder den ersten Tag mit Fahrerlaubnis sind ... Die, die Katastrophen überlebt und alles verloren haben, sagen, dass der Verlust der alten Fotos, Briefe und Erinnerungsstücke der schwerste ist.
Heute ist also der Tag.
Und: Was ist es?
Eine Erinnerung.
Bloß eine Erinnerung?
Eine Erinnerung an Gott.
Erinnerungshilfe ist kein Foto, sondern diese Krippe da, das bisschen Stroh. Es ist noch warm vom kleinen Leib des Kindes.
Erinnerungshilfe ist kein Foto, sondern die Geschichte von der Geburt Gottes in Bethlehem.
Oder die Geschichte von der Geburt Gottes auf der Flucht aus Ägypten, als die Fliehenden spürten: Gott ist uns nah. Da wurde Gott geboren, zur Welt gebracht, ans Licht gebracht. Die Erinnerung daran ist heute Abend ebenso wichtig wie an die Nacht in Bethlehem.

Weiterer Verlauf

Was macht Erinnerungen lebendig? Sie ins Leben einzubinden. Mit kleinen Erinnerungshilfen durchs Jahr zu kommen, um in einem Jahr wieder den Weg in die Kirche zu finden.
Erinnerungshilfen sind Handlungsweisen. Das kann die Art sein, wie ich eine Kerze entzünde, oder mit welchem Rezept ich einen Kuchen backe. Es kann auch die Art und Weise sein, mit der ich Kindergeburtstag feiere oder ein Spiel anleite.
Es gibt auch Erinnerungshilfen an Gott, wenn ich schon nicht in den Gottesdienst gehen will. Es gibt sie für den Alltag. Der Predigttext sagt es so: »der Gottlosigkeit und den weltlichen Verstrickungen verweigern«. Das muss ich übersetzen. Gottlosigkeit kann Respektlosigkeit oder Lieblosigkeit heißen, kann bedeuten, dass ich mich vorm Fernseher gehen lasse oder meine Nachbarn nur noch angifte. Weltliche Verstrickungen zu verweigern, kann heißen, nicht beim Mobbing der Kollegin mitzumachen, den Sozialabbau in der Bundesrepublik nicht wehrlos über mich ergehen zu lassen, sich ins Schulwesen und die Beset-

zung der Lehrerinnen- und Lehrerstellen einzumischen ... Das kann auch bedeuten, mir Klarheit über die Zusammenhänge von Weltwirtschaft und Welthunger zu verschaffen, um für die Gerechtigkeit Gottes einzutreten.
Dieselbe Übersetzungsarbeit muss für »besonnen, gerecht und verantwortlich im Hier und Jetzt leben« geleistet werden.

Schlussteil

Erinnerungen bleiben nicht folgenlos. Im Gegenteil. Sie verändern mein Leben. Was ich heute Nacht gesehen habe »die göttliche Gnade ist erschienen« verändert mein Leben. Ich fühle mich von Gott gemeint, weil ich dabei sein durfte. Weil ich dabei sein durfte, gehe ich von diesem Fest weg und habe kein Foto, nichts in der Hand, aber etwas im Herzen. Ich will das nicht vergessen. Ich gehöre zum »auserwählten Volk« (so sagt es der Predigttext). Und dass das Volk auserwählt ist, erkennt die Welt daran, dass »es nach guten Werken eifert«.
Gott, der Mensch wird, wird ein Kind. Ein hilfsbedürftiger Säugling, ohne jede Lebenschance, wenn sich niemand um ihn kümmert. So ist Gott. Ja, auch heute. Diese guten Werke des Predigttextes sind unser Beitrag zum Wärmen Gottes. Verstehen Sie das? Wir denken und glauben meistens umgekehrt, ich weiß. Wir glauben, zuerst würden wir von Gott geliebt. Das stimmt auch, schließlich sind wir hier zu einem Fest eingeladen, bei dem Gott die Gastgeberin ist. Aber wir Gäste sollten das Fest verändert verlassen. Gott ist ebenso auf uns angewiesen. Gott braucht unsere Wärme, unsere guten Werke.
Dann lebt die Erinnerung an diesen Nacht in unsere Mitte. Dann werden wir zu Erinnerungshilfen für andere. Vielleicht. Dann wird es Gott warm in unsere Welt. Dann wird Gott erscheinen in all seinem Lichtglanz als unser Retter. Darauf hoffen wir.
»Dass wir uns innen finden im Tage und in der Zeit der Vernunft und im Tage der Weisheit und im Tage der Gerechtigkeit und im Tage der Seligkeit – dazu helfe uns der Vater, der Sohn und der Heilige Geist. Amen.« (Meister Eckhart)

Jahreswechsel
Das Buch der Psalmen 31,1-9

Ulrike Bail

Zum Text

»Um deines Namens willen …«

Die ersten neun Verse von Ps 31 bringen in immer neuen Bildern das Vertrauen auf Gott zur Sprache – das Vertrauen, dass Gott bergende Räume ermöglicht, in denen die Beterin und der Beter Zuflucht und Schutz finden, und dass Gott inmitten der Bedrängnis Räume der Freiheit eröffnet. In Vers 4 bittet die Beterin: »Um deines Namens willen zeige du mir den Weg und begleite mich«. Das Vertrauen auf Gott gründet im Namen Gottes und die Bedeutung dieses Namens wird in Ps 31 in poetischer Sprache entfaltet.

Der Eigenname des Gottes Israels wird in der Hebräischen Bibel mit vier Konsonanten geschrieben, dem sog. Tetragramm (JHWH). Bereits in biblischer Zeit wurde das Tetragramm nicht mehr ausgesprochen. Wie der Name historisch ausgesprochen wurde, kann nur sehr hypothetisch rekonstruiert werden. Andere Bezeichnungen für Gott wie Elohim oder El meinen zwar Gott, sind aber keine Eigennamen Gottes, und wären mit Gott oder Gottheit zu übersetzen. In manchen biblischen Texten ist der Wechsel zwischen Gottesbezeichnung und Gottesname von entscheidender Bedeutung.

In der jüdischen Tradition wird auf eine Aussprache des Tetragramms verzichtet, um über Gott nicht zu verfügen, um ihn nicht »herbeizuzitieren«. Aus Respekt vor der jüdischen Tradition verzichte ich auf die Aussprache des Tetragramms und gebe den Gottesnamen auf andere Weise wieder. In Anlehnung an die »Bibelübersetzung in gerechter Sprache« habe ich die Stelle, an der das Tetragramm im hebräischen Text von Ps 31 steht, in der deutschen Übersetzung markiert, und zwar mit dem hebräischen Buchstaben Jod davor und dahinter, und dies grau hinterlegt. Einerseits ist das doppelte Jod eine rabbinische Abkürzung für den Gottesnamen, andererseits können diese beiden Buchstaben auch wie Anführungszeichen gelesen werden und heben so hervor, was dazwischen zu lesen ist. Zwischen den beiden Jod wird in der »Bibelübersetzung in gerechter Sprache« ein wechselnder Lesevorschlag für den Gottesnamen stehen.

So wird deutlich, dass an der entsprechenden Stelle in der hebräischen Bibel der Gottesname steht und dass dieser nicht auszusprechen ist.
Gott hat einen Namen, aber dieser wird nicht ausgesprochen. Der Gottesname bleibt entzogen, und ist doch offenbar; er wird in Texten, die die Erfahrungen von Menschen mit Gott zu Wort bringen, erzählend entfaltet und poetisch verdichtet (vgl. z.B. Ex 3,1-15).
Da in Ps 31 der Name Gottes der Grund des Vertrauens auf Gott ist, lese ich anstelle des Tetragramms ⌝*ha-Schem*⌝, »der Name«. Diese Lesemöglichkeit wurzelt in der jüdischen Tradition und gibt dem Gottesnamen die Bedeutung des Namens aller Namen. Und diesen Namen expliziert Ps 31 in verschiedenen Bildern von Gott, die sich als Raumbilder der Geborgenheit und der Freiheit buchstabieren.
Was Vers 2 durch das Verb *sich bergen* zum Ausdruck bringt, wird in den Bildern schützender Fels, bergendes Haus, Fels, Bergung, Zuflucht fortgeführt. Diese Gottesbilder sind weder geschlechtsspezifisch determiniert, noch steht ihre Form oder Gestalt im Vordergrund. Das Erste Testament hat eine Fülle solcher Bilder für Gott. So kommt Gott als Sonne, Quelle und Fels, als Auge, Flügel und Adlermutter, als Lufthauch, Feuer und Wolke zur Sprache. Gerade in den Psalmen, mit deren Worten Menschen zu Gott beten, werden diese Bilder zu Beziehungsbildern. Gott wird nicht als *der* Fels bezeichnet, sondern als *mein* Fels, d.h., erst im Gespräch mit Gott, im Loben, Danken und Klagen wird dieses Bild zum Gottesbild. Darin spricht sich die Erfahrung aus, dass auf Gott felsenfest Verlass ist, dass in der Begleitung Gottes Schritte auf festem Grund möglich sind, und Menschen in Gottes Nähe Geborgenheit und Schutz finden.
Diese Bilder verweisen auf Erfahrungen, die Menschen mit Gott gemacht haben, und auf die Sehnsucht, solche Erfahrungen mögen das eigene Leben prägen. So vielfältig diese Erfahrungen und Sehnsüchte sind, so vielfältig gestalten sich die Bilder von Gott. Dies hat auch mit der hebräischen Überzeugung zu tun, dass Wahrheiten und Erfahrungen sich nie in einem einzigen Gedankengang, in einem einzigen Begriff oder Bild ausdrücken lassen, sondern allein in mehreren, verschiedenen Aussagen formuliert werden können. Es kommt also nicht darauf an, ein Bild gegen die anderen zu setzen, vielmehr sind die Bilder miteinander ins Gespräch zu bringen, Blickwechsel zu wagen und Veränderungen der Perspektive.
Und genau dies geschieht in Ps 31, wenn in die Raumbilder der Geborgenheit die Raumbilder der Freiheit verwoben werden, wenn die Bilder des sicheren und bergenden Raumes mit den Bildern des offenen und weiten Raumes ins Gespräch treten. Die Bilder der Freiheit werden v.a. durch Verben der Rettung und Befreiung evoziert wie entrinnen, retten, befreien und (heraus)holen.
Das Verwobensein von Geborgenheit und Freiheit wird besonders in Vers 3 hörbar. Dieser Vers beginnt mit der Bitte an Gott, er möge hören, er möge sich hörend nähern. Danach folgt die dringliche Aufforderung zu retten, die mit dem

Verb *befreien* am Ende des Verses korrespondiert. Zwischen den Verben *retten* und befreien finden sich zwei Bilder der Geborgenheit: schützender Fels und bergendes Haus. Die Geborgenheit in Gott ist umgeben von der Befreiung. Geborgenheit und Freiheit sind nicht voneinander zu trennen. Und beides hat zu tun mit Gottes *chäsäd*, mit Gottes Freundlichkeit. Das hebräische Wort *chäsäd*, das mit Freundlichkeit wiedergegeben ist, wird häufig mit Worten wie Güte, Huld und Gnade übersetzt. Dieses biblische Grundwort kommt aus dem Bereich der zwischenmenschlichen Beziehungen, der Familien- und Nachbarschaftssolidarität. Konstitutiv sind Gegenseitigkeit, Gemeinschaft, Beständigkeit und Verlässlichkeit. Keine rechtlichen Verpflichtungen prägen die Beziehung, jedoch bringt das Wort mehr als nur ein Gefühl zum Ausdruck. Es ist eine selbstverständliche gegenseitige Solidarität, die weit über Worte hinausgeht. Das Wort Freundlichkeit mag ungewohnt klingen; manchmal aber kann es sinnvoll sein, sich vom Vertrauten zu entfernen, um wieder ganz nah an einen Text zu gelangen. Manchmal ermöglichen Schritte in das Ungewohnte das Vertraute in neuer Weise zu hören: »Ich will jubeln, will mich freuen an deiner Freundlichkeit«. (Vers 8)

Worin diese Freundlichkeit besteht, wird in den Versen 8b.9 entfaltet. Dabei erinnern die Worte »Du hast mein Elend gesehen« an die Befreiung aus der Sklaverei, der Unterdrückung und dem drohenden Genozid in Ägypten. So heißt es in Ex 3,7f.: »Ganz genau habe ich das Elend meines Volkes gesehen, das in Ägypten ist, und ich habe ihren Hilfeschrei gegen seine Antreiber gehört. Ja, ich kenne seine Schmerzen. So bin ich herabgestiegen, um es aus der Hand Ägyptens zu befreien und es hinaufzuführen aus diesem Land in ein gutes und weites Land, ein Land, das von Milch und Honig fließt.« Auch in Ps 31 sind die Gegenräume zu den Räumen der Freiheit enge Räume der Bedrohung, der Gefährdung, der Angst. In Vers 5 sieht sich die Beterin gefangen in einem Netz, das ihren Bewegungsraum einengt, Vers 8 weiß um bedrängtes Leben und das Ausgeliefertsein in feindlicher Hand. Dagegen wird der weite Raum der Befreiung entworfen, wenn es in Vers 9 heißt: »Du stellst meine Füße auf weiten Raum.« Dieser Halbvers imaginiert einen Raum, in den die Zusage von Befreiung aus Situationen, die die Kehle zuschnüren und in denen Tränen an jeden Schritt gebunden sind, eingeschrieben ist: »Aus der Enge rief ich Jah an – mit weitem Raum hat Jah geantwortet« (Ps 118,5). Auf den Schrei aus der Bedrängnis und Enge antwortet JHWH mit Worten des weiten Raumes. Was Weite bedeuten kann, mag ein kleiner Text aus dem Zusammenhang der Isaak-Geschichten andeuten.

In der Erzählung in Gen 26 geht es um Brunnenkonflikte rivalisierender Gruppen von Nomaden, deren Leben und Überleben von der Möglichkeit, über Wasser zu verfügen, abhängig ist. »Da zog Isaak weiter und grub noch einen anderen Brunnen. Darüber zankten sie sich nicht, darum nannte er ihn Rechobot und sprach: Nun hat Adonaj uns Raum gegeben, und wir können wachsen im

Land« (Gen 26,22). Die Weite des Raumes als friedliche Lösung eines sozialen Konflikts, der Überleben zusichert, schreibt sich hier in einen Namen ein: Rechobot – weite Räume. Der weite Raum hat eine eminent soziale Konnotation, der weite Raum ist die Folge einer Konfliktschlichtung. Topographie und Sozialität gehen ineinander über. Die Gefahr des verfehlt genützten Freiraumes ist an anderer Stelle präsent (Hos 4,16).
Die hebräische Bibel buchstabiert Weite, den weiten Raum von der Gegenerfahrung her, von Erfahrungen der Bedrohung, der Bedrängung, der Gewalt und Ungerechtigkeit her. Was Weite bedeutet, wird oft erst im bedrängten Raum sichtbar. Und die Befreiung in den weiten Raum hinein wirft die Erfahrung der Enge nicht ins Vergessen, sondern bewahrt sie – einem Reisegepäck gleich – in der Erinnerung, im Gedächtnisraum. Gleichzeitig entwirft die hebräische Bibel visionär auch immer wieder Räume, in denen befreites und aufrechtes Gehen möglich ist.
Diese Grunderfahrung der Befreiung aus der Enge in die Weite der Freiheit findet in immer neuen Worten Raum. Und diese Freiheit ist immer mit dem Namen Gottes verbunden.
»Ich bin ha-Schem, ich bin dein Gott, weil ich dich aus dem Lande Ägypten, dem Haus der Sklavenarbeit herausgeholt habe« – so beginnen die 10 Gebote und der Aufenthalt in Ägypten begründet die wichtigsten Sozialgebote. So wird in Bezug auf Menschen aus anderen Ländern formuliert: »Einen Fremden sollst du nicht bedrücken und ihn nicht bedrängen, denn ihr seid Fremde gewesen im Lande Ägypten und ihr kennt die Seele, das Leben des Fremden.« (Ex 23,9). Keine Ausgrenzung aus dem Raum der Freiheit – keine Abschiebung an den Rand und darüber hinaus – der Raum der Freiheit ist weit genug für alle und die Gabe der Freiheit führt eine soziale Verpflichtung anderen gegenüber mit sich. Beides, Freiheit und Geborgenheit, sind in den Namen Gottes eingeschrieben, beide haben ihren Grund in diesem Namen. Der Wunsch nach Freiheit und Geborgenheit kann als Sehnsucht des Menschen nach einem Leben verstanden werden, in dem Geborgenheit nicht zur Einengung verkommt und Freiheit nicht zur Beliebigkeit, in dem Schritte ins Offene, ins noch Unbestimmte gewagt werden können, ohne das falsche Versprechen, es passiere schon nichts, aber in der Gewissheit des Namens Gottes, in dem Freiheit und Geborgenheit sich gegenseitig Räume eröffnen und ein Vertrauen auf Gott ermöglichen, das das ganze Leben prägt: »Deiner Hand vertraue ich meinen Lebensatem an. Du hast mich befreit, ha-Schem, du treue Gottheit.«

Zum Gottesdienst

Votum

Erbarmend und zuneigend ist Adonaj,
langmütig und reich an Freundlichkeit.
Ps 103,8; Übersetzung von Ulrike Bail und Simone Pottmann

Eingangsgebet

Gott des Lebens,
wir danken dir für die Gemeinschaft,
in die du uns gestellt hast
gleich einem weiten Raum,
in dem Zuversicht, Bewegung und Hoffnung gründen.

Berühre uns,
damit wir bei dir heilsame Begegnung finden.
Bewege unseren Verstand,
unsere Herzen, Sinne und Glieder,
damit wir dein Wort hören,
damit dein Befreien und deine Treue,
deine Geborgenheit und deine Freundlichkeit
in uns Raum finden
und uns verändern.
Amen.

Kyrie

Der Stille lauschen zwischen den Jahren.
Den vergangenen Tagen, den kommenden.
Auf Begleitung hoffen und auf leichtes Gepäck.
Geborgenheit spüren und weiten Raum.
Bleibe bei uns, Gott.

Gloria

Gott gibt den Müden Kraft
und mehrt die Stärke der Ohnmächtigen.
Die auf Gott harren, gewinnen neue Kraft.
Ihnen wachsen Flügel wie Adlern.
Sie laufen und ermüden nicht,
sie gehen und werden nicht matt.
Jes 40,29.31; nach der Übersetzung von Jürgen Ebach

Psalmgebet: Ps 36,6-11

Den Namen Gottes gebe ich beim Lesen des Psalms mit ha-Schem wieder. Der Name Gottes wird in der hebräischen Bibel mit den vier Konsonanten JHWH geschrieben und schon seit biblischen Zeiten nicht ausgesprochen. Die Wiedergabe mit ha-Schem folgt dabei einer jüdischen Tradition, die dort, wo der Gottesname steht, ha-Schem liest. Ha-Schem bedeutet übersetzt: der Name. Das Wort ha-Schem ist haSchemm zu lesen.

6 ˺Ha-Schem˺, deine Freundlichkeit ist wie der Himmel,
deine Verlässlichkeit – bis zu den Wolken reicht sie.
7 Deine Gerechtigkeit ist wie die Berge Gottes,
dein Recht ein großer Ozean.
Du hilfst Mensch und Tier, ˺ha-Schem˺.
8 Wie kostbar ist deine Freundlichkeit, Gottheit!
Menschen bergen sich im Schatten deiner Flügel.
9 Sie sättigen sich an der Fülle deines Hauses.
Du lässt sie trinken am Bach deiner Fröhlichkeit.
10 Denn bei dir ist die Quelle des Lebendigen,
in deinem Licht sehen wir Licht.
11 Lass andauern deine Freundlichkeit bei denen, die dich kennen,
deine Gerechtigkeit bei denen, die aufrechten Herzens sind.

Übersetzung von Ulrike Bail

Lesung: Ps 31,1-9 (alternativ Ex 3,1-15)

1 Für die musikalische Aufführung.
Ein Psalm Davids.
2 Bei dir, ˺ha-Schem˺, berge ich mich.
Lass mich niemals zugrunde gehen.
In deiner Gerechtigkeit lass mich entrinnen.
3 Neige zu mir dein Ohr.
Rette mich, schnell.
Sei mir ein schützender Fels,
ein bergendes Haus,
mich zu befreien.
4 Mein Fels und meine Bergung
bist du allein.
Um deines Namens willen
zeige du mir den Weg und begleite mich.
5 Hole mich aus dem Netz,
das sie mir heimlich legten.
Ja, du bist meine Zuflucht.

[6]Deiner Hand vertraue ich meinen Lebensatem an.
Du hast mich befreit, ha-Schem, du treue Gottheit.
[7]Verhasst sind mir, die an Nichtigkeiten sich halten.
Ich dagegen, ich vertraue auf ha-Schem.
[8]Ich will jubeln, will mich freuen
an deiner Freundlichkeit:
Du hast mein Elend gesehen.
Du weißt um mein bedrängtes Leben.
[9]Du hast mich nicht
in feindliche Hand ausgeliefert.
Du stellst meine Füße auf weiten Raum.
Übersetzung von Ulrike Bail

Hallelujavers

Halleluja.
Freuen werden sich alle,
die sich in dir bergen,
jubeln werden sie durch die Zeit.
Du webst Schutz über sie,
und sie sind vergnügt in dir –
alle, die deinen Namen lieben.
Halleluja.
Ps 5,12; Übersetzung von Michaela Geiger

Fürbitten

Gott, in Barmherzigkeit
öffnest du uns Räume der Freiheit
und birgst uns in sicherem Raum.
In deiner Begleitung können wir
Schritte ins Offene wagen,
ohne das Vergangene verdrängen zu müssen,
ohne die Angst, uns zwischen den Tagen und Nächten zu verlieren.
In der heutigen Nacht und den Tagen, die uns erwarten,
bist du bei uns, Gott.
In deinem Namen gehen wir in das kommende Jahr.
Deine Freundlichkeit begleitet uns.

Wir denken an alle,
denen die Hoffnung verloren ging,
die von Elend und Not umschlungen sind,

die gefangen sind in Netzen der Angst
und Gefühlen der Enge.
Wir denken an alle,
die keine Zuflucht mehr sehen,
die kein bergendes Haus haben,
um die Nacht sicher und warm zu verbringen,
die ausgeliefert sind in feindliche Hände.

Von dir kommt Befreiung, Gott.
Sieh das Elend und die Bedrängnis an
und schenke weiten Raum.
Öffne uns und allen Menschen
deine Wege der Gerechtigkeit und der Geborgenheit,
der Freiheit und des Friedens.
Um deines Namens willen
zeige du uns die Wege und bleibe uns nah.
Amen.

Predigt

Eingangspassage

Noch bewegen sich die Gedanken im Raum des Alten Jahres, noch hat sich das Neue Jahr nicht geöffnet. In dieser Zeit dazwischen, am heutigen Abend, überlegen viele Menschen, was sie in den vergangenen Tagen und Nächten bewegt hat, wohin sie aufgebrochen waren, an welchem Ort sie ankamen, an welchen Tagen Unverhofftes zu ihnen stieß, wann Erwartetes ausblieb.
Viele Räume haben wir im vergangenen Jahr durchschritten, helle, dunkle, leere und übervolle. Am Rand des Jahres finden viele in sich den Wunsch, das kommende Jahr möge die Schritte durch Räume lenken, in denen sie ankommen, in denen das Glück sie findet und sie begleitet, Schritt für Schritt.
Dieser Wunsch, der sich auf vielfältige Weise äußern kann, findet Ausdruck in einem Brauch. Wenn das Neue Jahr gerade einen Augenblick alt ist, dann stößt man auf vielen Silvesterfeiern mit einem Glas Sekt an und sagt: Prosit Neujahr! oder kurz: Prost Neujahr! Dieser scheinbar banale Trinkspruch hat eine tiefere Bedeutung. Das Wort Prosit ist lateinisch und bedeutet übersetzt: Es möge gelingen! Eine Sehnsucht spricht sich in diesen Momenten aus: Das Neue Jahr möge gelingen, es möge uns mit offenen Armen empfangen und Orte der Bergung mögen an seinen Wegen liegen. Schritte ins noch Unbestimmte, Ungestaltete mögen wir mutigen Sinns wagen und Gefährdungen mögen uns meiden. In dem Trinkspruch begegnen sich Nachdenklichkeit und die fröhliche Stim-

mung des gemeinsamen Feierns, die tiefe Sehnsucht nach Tagen, in denen alles heil sein wird, und die perlende Leichtigkeit gemeinsamen Lachens.
Auf den Wegen hinüber ins Neue Jahr, auf den Wegen der Sehnsucht zwischen den Jahren kann uns ein altes Gebet begleiten, ein Psalm, in dem es um Bewahrung, um Schritte im weiten Raum und um Freiheit geht.
Ich lese Ps 31,1-9.

Stichworte zum weiteren Verlauf (vgl. die exegetische Skizze)

In der Mitte von Ps 31 ist ein Wunsch formuliert:
Um deines Namens willen zeige du mir den Weg und begleite mich.
Der Name Gottes als Grund des Wunsches, die Lebenswege begleitet zu gehen, und des Vertrauens, das den Psalm wie ein cantus firmus durchzieht.
Die theologische Bedeutung benennen, dass Gott einen Namen hat: Geheimnis und Offenbarung, nicht aussprechbar und doch literarisch verdichtet in Erzählungen und Poesie. Bezug zur Vaterunserbitte (Geheiligt werde dein Name), in dem die tiefe Bedeutung des Gottesnamens aufscheint.
Der Name Gottes buchstabiert sich in Ps 31 in Bildräumen der Geborgenheit und der Befreiung. Diese Bilder langsam entfalten und auf ihre Dynamik hinweisen, auf das Ineinanderverwobensein von Geborgenheit und Freiheit in Ps 31.
Geborgenheit und Freiheit als komplementäre Sehnsüchte des Menschen verstehen, die sich nicht ausschließen, sondern in einer Balance sich bewegen.

Schlussteil

In der Nacht, in der das Neue Jahr beginnt, ist die Sehnsucht mit Händen greifbar. Prosit Neujahr! Es möge gelingen – es mögen die Schritte in die Zeit gelingen, die vor uns liegt, unbekannt, unbestimmt, voller Gefährdungen. Es möge Geborgenheit uns begleiten, in uns, bei uns, als Gewissheit, als Behausung, in der sich zu bergen ist, als zärtliche Hand, als Freude, als Lachen, als Freundschaft und Freundlichkeit.
Der Name Gottes, ha-Schem, spricht uns diese gewisse Erwartung zu, dass der Lebensatem der Hand Gottes anvertraut werden kann. Der Grund des Namens trägt. Der weite Raum öffnet sich im Namen Gottes. Der Name Gottes buchstabiert sich als Geborgenheit inmitten dessen, was Angst macht, was einengt und bedrückt.
In diesem Vertrauen spricht die Beterin, der Beter von Ps 31 eine Bitte aus und diese Bitte möchte ich an das Ende der Predigt stellen, und damit auch an das Ende des Jahres, den Anfang des Neuen Jahres:
Um deines Namens willen zeige du, ha-Schem, mir den Weg und begleite mich.
Amen.

Epiphanias
Das Evangelium nach Matthäus 3,13-17

Karin Lehmeier und
Erhard Domay

Zum Text

Die Geistkraft und das Kind Gottes

Der Predigttext (er ist für den ersten Sonntag nach Epiphanias vorgesehen) erzählt von einer Erscheinung, die die Verbindung Jesu mit der göttlichen Sphäre für alle sichtbar macht. Wie viele andere lässt Jesus sich von Johannes taufen, doch in einzigartiger Weise wird die besondere Verbindung Jesu zu Gott nach der Taufe sichtbar: In Form einer Taube kommt das Göttliche, der »Geist« Gottes auf Jesus herab.

Marlene Crüsemann übersetzt hier das griechische Wort *pneuma* (»Geist«) mit »Geistkraft«. Im Entstehungsprozess der Übersetzungen für den Lesungsband stellte sich für uns Übersetzerinnen heraus, dass die Wortschöpfung »Geistkraft« geeignet ist, im Deutschen den griechischen Begriff *pneuma* oder den hebräischen Begriff *ruach* wiederzugeben. Beide Begriffe werden traditionell im Deutschen mit »Geist« wiedergegeben. Der im Hebräischen weiblich konnotierte Begriff *ruach* kann die Bedeutungen »Hauch« oder auch »Wind« und »Geist« im Sinne einer Leben spendenden Kraft transportieren. Mit dem griechischen Begriff *pneuma* kann jede Art von Luftstrom bezeichnet werden, etwa der Atem, der Hauch oder ein Wind. Im übertragenen Sinn bezeichnet er die Kraft, die den Körper lebendig macht, kann also »Seele« oder »Leben« bedeuten. Die deutsche Übersetzung mit dem Begriff »Geist« bildet dieses Bedeutungsspektrum nicht ab. Der (grammatisch männliche) »Geist« in seiner Mehrzahl »Geister« lässt an »Gespenster« denken, während die Einzahl »Geist« eng verwandt ist mit »Gehirn«, also eher eine kognitive Sphäre bezeichnet. »Geistkraft« hingegen evoziert die Vorstellung einer prinzipiell unsichtbaren Kraft, die für Menschen in verschiedener Weise erfahrbar werden kann. So wird sie in Mt 3,16 als Taube sichtbar, in Apg 2 als Wind und Feuer. Der Begriff »Geistkraft« gibt der Wirksamkeit und Erfahrbarkeit Gottes die Dynamik wieder, die Zugewandtheit und die weibliche Seite, die in den Übersetzungsprozessen der Geschichte Stück für Stück verloren gegangen ist.

Die Geistkraft, sichtbar für alle, die bei der Taufe zugegen sind, macht deutlich, dass Jesus in besonderer, einzigartiger Verbindung zu Gott steht, dass er Got-

tes Kind ist. Die herkömmliche Bezeichnung Jesu als »Sohn Gottes« ist zwar vom Wortsinn her möglich und richtig. Jedoch wird im Deutschen ein Aspekt überbetont, den das griechische Wort *hyoi* nicht in erster Linie meint: die Männlichkeit des Kindes. »Sohn« steht im Deutschen in erster Linie im Gegensatz zu »Tochter«. Deutlich wird der Unterschied in der Pluralbedeutung: »Söhne« bezeichnet eine Anzahl männlicher Kinder. Im Griechischen kann *hyoi* einfach »Nachkommen« meinen, männliche und weibliche Nachkommen eingeschlossen. So steht der Plural im Neuen Testament häufig für die Kinder Israels, also das Volk Israel (z.B. Mt 27,9; Lk 1,16; Apg 5,21; 2 Kor 3,17).
Jesus war ein Mann, er war Marias und Josefs Sohn. Viel wichtiger ist jedoch für das Matthäusevangelium, dass er an dieser Stelle Kind Gottes genannt wird und so Beispiel für viele weitere Kinder Gottes ist: »Selig sind die Friedfertigen, denn sie werden Gottes Kinder heißen« (Mt 5,9, vgl. Mt 5,49). Diejenigen, die wie Jesus »alle Gerechtigkeit erfüllen« (Mt 3,15), die sich taufen lassen und im Leben Jesus nachfolgen, werden Gottes Kinder genannt werden. Alle Völker sollen Jüngerinnen und Jünger werden, heißt es am Schluss des Evangeliums: Sie sollen getauft werden und das halten, was Jesus geboten hat. Beides gehört für das Matthäusevangelium zusammen, Taufe und Nachfolge. Jesus ist hier nicht von den Christinnen und Christen getrennt.[10] Er ist Kind, wie sie Kinder werden sollen. Das Konzept der Gotteskindschaft findet sich auch in anderen Traditionen des Neuen Testaments, besonders bei Paulus: Wie Jesus haben alle, die glauben, zu Gott ein Verhältnis wie zu Eltern (Gal 4,5-6). Die Übersetzung »Kind« Gottes könnte also durchaus auch in anderen Texten angemessen sein.
Die Übersetzung des griechischen *hyos* mit dem deutschen Begriff »Kind« ist indes nicht unumstritten.[11] Im Deutschen gibt »Kind« nicht den gesamten Gehalt des griechischen Begriffs wieder. Im Deutschen assoziieren wir mit »Kind« »Mensch unter 12 Jahren«, »Kindergarten«, »Schule«, »Lärm«, »Lebendigkeit« usw.
Beim griechischen *hyos* geht es vielmehr um die Zugehörigkeit zu einer Familie, Nachkomme sein von jemandem, in Rechtsnachfolge treten, »Erbe sein« (vgl. Mt 21,38). Viel häufiger als heute wurde in der griechisch-römischen Antike z.B. die Adoption als Weg, rechtmäßige Nachkommen zu haben, praktiziert. Umgekehrt galten Kinder, die Männer mit ihren Sklavinnen hatten, als Sklavinnen und Sklaven, nicht als rechtmäßige Kinder. »Kind sein« meint also hier nicht den Gegensatz zum »Erwachsen sein«, sondern den Gegensatz zum Sklavin und Sklave sein (vgl. Mt 17,26 oder Röm 8,15). Ein Blick in die Traditionsgeschichte von Mt 3,17 zeigt diesen Unterschied: Sowohl Mk 1,11, eine Quelle, aus der das Matthäusevangelium hier schöpft, wie auch Mt 3,17 spielen auf Jes 42,1 an. In der griechischen Übersetzung des Alten Testaments ist in Jes 42,1 von Diener/Dienerin Gottes die Rede. Im griechischen Text steht *pais*, ein Begriff, der auch »Kind« bedeuten kann, jedoch hier eher für Diener/Dienerin, Magd/Knecht oder Sklave/Sklavin steht. Im Gegensatz dazu, als Veränderung

dieser Tradition verwenden das Markusevangelium und das Matthäusevangelium den Begriff *hyos*, nicht der Aspekt des Dienens, des unbedeutend Seins steht im Vordergrund, sondern der Aspekt der Zugehörigkeit, der Rechtmäßigkeit, aber auch der Nähe.
Eine Übersetzungsalternative, die diesen Bedeutungsunterschieden Rechnung trägt, wäre vielleicht »Nachkomme« oder »Erbe«. Jedoch fehlt hier im Deutschen der Aspekt der Nähe, den der griechische Begriff durchaus auch beinhaltet. Andere Übersetzungsmöglichkeiten wie »Nachfolger«, »Schüler« oder »Jünger« betonen zum einen wieder die Männlichkeit Jesu. Zum anderen stellt sich die theologische Frage, ob diese Begriffe, die stark auf die Beziehungsebene und das Lernen von anderen Menschen abzielen, den Offenbarungscharakter, das Wirken der göttlichen Geistkraft bei der Taufe Jesu in der Übersetzung noch einfangen könnten. Im Deutschen enthält der Pluralbegriff »Kinder« hingegen durchaus auch den juristischen Aspekt: Kinder als Erben und Erbinnen, Pflegende oder Unterhaltspflichtige gegenüber ihren Eltern sind in der Regel erwachsene Menschen. Auch wenn Bedenken berechtigt sind, trifft die Übersetzung »dies ist mein geliebtes Kind«[12] in Mt 3,17 gerade in diesem proklamierenden Charakter den Sinn des Textes und legt den Schwerpunkt nicht wie die meisten Übersetzungen auf die Männlichkeit, die Sohnschaft Jesu, sondern auf seine Menschlichkeit.

Karin Lehmeier

---

10. Vgl. Ulrich Luz: Das Evangelium nach Matthäus (EKK 1), (2002), 213-215.
11. Hanna Roose verzichtet z.B. auf eine Übersetzung von hyos in Gal 4,5, vgl. Erhard Domay/Hanne Köhler (Hg.): der gottesdienst, Bd. 4: Die Lesungen, Gütersloh 2001, 63.
12. Übersetzung von Marlene Crüsemann, in: Erhard Domay/Hanne Köhler (Hg.): der gottesdienst, Bd. 4: Die Lesungen, Gütersloh 2001, 100.

Zum Gottesdienst

Votum

Wir beginnen
in Gottes heiligem,
unaussprechlichem Namen –

erschienen und uns vertraut geworden
durch Jesus Christus,

wirkend und uns belebend
durch die Heilige Geistkraft.
Amen.

Eingangsgebet

Wie ein Lichtstreif aufleuchtet
vor dunklen Wolkenwänden
und wie ein Lächeln erscheint
in bekümmerten Gesichtern,
so leuchtet dein Licht auf, Gott,
in den dunklen Zonen unseres Daseins
und so erscheint dein Lächeln
in unseren Tränen.
Du erscheinst unvermutet und unverhofft,
Gott,
Lichtglanz und Lebensfülle für uns
in Zeit und Ewigkeit.
Amen.

Kyrie

Gott, vollkommene Barmherzigkeit!
Wir sehen und sehen nicht.
Wir hören und hören nicht.
Wir fühlen und fühlen nicht.

Wir sehen, was vorhanden ist in der Nähe und in der Ferne.
Aber für das Wesentliche sind wir oft blind.
Wir hören, was gesprochen wird, von uns, von anderen.
Aber für das Wort hinter den Wörtern sind wir oft taub.
Wir erleben beinahe zeitgleich, was in aller Welt geschieht.
Aber oft lassen wir Mitleiden und Mitfreude nicht zu.

Schenke uns einen offenen Sinn,
Wachheit, Feinfühligkeit und Verständnis.
Erbarme dich unser!

Gloria

Mit den Augen Jesu Christi sehen wir,
was oberflächlichem Hinschauen verborgen ist.

Mit den Ohren Jesu Christi hören wir,
was unausgesprochen zu uns sprechen will.
In der Nachfolge Jesu Christi
können wir ein Gefühl bekommen für das,
was Menschen im Tiefsten berührt.
»Selig sind eure Augen, weil sie sehen, und eure Ohren, weil sie hören.« (Mt 13,16)
Wir loben Gott und singen: ...

Psalmgebet

mit deinem Echo im Herzen

als du mit der Schöpfung schwanger gingst
vor den Zeiten
legtest du in das Werden alles hinein
was unsre Sinne und Seele
unser Denken und Handeln ertasten:
dein Leuchten und Tanzen
dein Lachen und Strömen
dein Lieben und Freuen
dein Warten und Wehen
dein Sehnen und Singen
deine Neugierde auf die Entfaltung
deine Farben deine Musik
deine unbegreifliche Nähe und Ferne

und wir
leben wissend wie ungewiss
mit deinem Echo im Herzen
Christa Peikert-Flaspöhler

Lesung: Joh 1,15-18

15Johannes zeugte für Jesus, rief aus und sagte: »Dieser war es, von dem ich sagte: ›Wer nach mir kommt, ist vor mir entstanden, denn er war früher als ich.‹«
16Aus seiner Fülle haben wir alle Gnade über Gnade erhalten.
17Denn die Tora ist durch Mose gegeben,
(und) die Gnade und die Wahrheit
sind durch Jesus Christus entstanden.
18Niemand hat Gott jemals gesehen,
der einzig geborene Gott,

der im Mutterschoß des Vaters ist,
hat sich (uns) offenbart.
Übersetzung von Silke Petersen

Lesung: Jes 60,1-6

adonai/gott: *Es ist entweder adonaj oder gott zu lesen.*
[1](Jerusalem), steh auf, werde licht, dein Licht ist ja im Kommen
und die Würde adonais/gottes strahlt über dir auf.
[2]Schau nur: Finsternis bedeckt die Erde
und dunkle Wolken liegen auf den Völkern.
Doch adonai/gott, die Gottheit, wird dir Licht geben
und ihr Glanz wird über dir erstrahlen.
[3]Es ziehen Völker zu deinem Licht,
Könige und Königinnen zu deinem Glanz, der über dir aufstrahlt.
[4]Erhebe deine Augen und schau ringsherum:
Sie alle sammeln sich und kommen zu dir.
Deine Söhne kommen von ferne,
deine Töchter werden auf dem Arm getragen.
[5]Da wirst du schauen und strahlen,
dein Herz wird erbeben und ganz weit werden.
Ja, zu dir hin wendet sich die Fülle des Meeres,
der Reichtum der Völker kommt zu dir.
[6]Scharen von Kamelen werden dich bedecken,
Dromedare aus Arabien, aus Midian und Epha,
aus Saba werden sie alle kommen,
Gold und Weihrauch bringen sie,
und die Ruhmestaten adonais/gottes tun sie kund.
Übersetzung von Jürgen Ebach

Hallelujavers

Halleluja.
Lobt adonai/gott, alle Völker!
Preist Gott, alle Nationen.
Halleluja.
Ps 117,1; Übersetzung von Ulrike Bail und Simone Pottmann

Fürbitten

Gott des Himmels und der Erde,
was hindurchscheint durch vieles,

was Menschen tun,
ist Kälte, ist Hass, ist Ungerechtigkeit.
Was sichtbar wird unter Menschen,
ist allzu oft Zerstörungslust,
ist blinde Wut und Besitzgier.
Was überall erkennbar wird,
ist Teilnahmslosigkeit,
immer wieder Teilnahmslosigkeit.
Was durch viele Worte hindurchklingt,
ist Täuschung, ist Lüge.

Wir bitten dich darum,
dass in dem, was Menschen tun,
immer wieder Wärme, Güte
und Gerechtigkeit erscheinen.
Wir bitten dich,
dass die Lust am Aufbauen und Gestalten
überall da sichtbar wird,
wo Gegenwart und Zukunft geplant werden.
Wir bitten dich, dass die Freude am Geben
und am notwendigen Verzichten
das Miteinanderleben prägt.
Wir bitten dich, dass unter uns
die Liebe zu unseren Nächsten erscheint,
auch die Liebe zu den Menschen in der Ferne
und immer wieder: die Liebe zu unseren Feinden.

Und in all dem,
was das Leben trägt
und erneuert, Gott,
erscheine du,
bleibe du lebendig in uns
und wirke durch uns.
Erleuchte uns mit deinem Licht,
erfülle uns mit deinem Frieden.

Vaterunser

Segenswort

Gott erscheine euch in Zuneigung und Gnade.
Gott zeige sich euch in Vergebung und Trost.

Gott offenbare sich euch in Hoffnung und Glaube.
Gott segne euch in euren Worten und in eurem Tun.

Predigttext

Mt 3,13-17

[13]Dann kam Jesus von Galiläa zum Jordan und zu Johannes, um von ihm getauft
zu werden. [14]Doch Johannes weigerte sich entschieden und sagte zu Jesus: »*Ich*
hätte es nötig, von dir getauft zu werden – und du kommst zu mir?« [15]Jesus
antwortete ihm: »Lass es zu, jetzt. Denn so ist es richtig für uns, um alle Ge-
rechtigkeit zu erfüllen.« Da stimmte Johannes ihm zu.
[16]Als Jesus getauft worden war, stieg er sofort aus dem Wasser. Und seht: Der
Himmel öffnete sich, und er sah die Geistkraft Gottes auf sich zukommen, he-
rabsegelnd wie eine Taube. [17]Und eine Stimme aus dem Himmel sprach: »Dies
ist mein geliebtes Kind, das mir Freude macht.«
Übersetzung von Marlene Crüsemann

Beobachtungen zum Text

Die ersten Verse des 3. Kapitels erzählen den Auftritt des skurrilen Einzelgängers Johannes in der Wüste von Judäa. Er zieht große Menschenmengen an, die erstaunlicherweise nicht nur wegen seines ungewöhnlichen Aussehens und seines äußerst reduzierten Lebensstils zu ihm strömen. Offenbar hat dieser asketische Kamelhaarmann einen Nerv der Zeit getroffen. Er bietet jedoch keine Show der billigen Art. Sondern er fordert von den Leuten Buße und ein Bekenntnis ihrer Sünden, und das sozusagen in aller Öffentlichkeit. Er vollzieht an den Menschen eine rituelle Handlung, das Untertauchen im Wasser des Jordan.
Am eigenen Körper erfahren die Täuflinge etwas, was sie nicht erfahren würden, wenn sie ihr Bad im Fluss ohne das Ritual dieses Bußeforderers nehmen würden, einfach nur so aus der Freude daran, im Wasser zu toben, und aus der Lust, sauber zu werden. Hier und jetzt geht es nicht um ein Freizeitvergnügen, sondern um eine Lebensentscheidung. Von der Nähe des Himmels predigt die Stimme in der unwirtlichen Wüste; von der Notwendigkeit, Frucht zu bringen, redet sie. Sie stellt den Menschen die Tatsache vor die Augen, dass es ein verfehltes, verwüstetes Leben gibt, welches in Ewigkeit verloren gehen kann. Der Weg in ein erfülltes Leben führt durch die Taufe im Wasser, die die Menschen aus den Fesseln ihrer Verfehlungen herauslöst und ihre inneren und äußeren Verunreinigungen fortnimmt.
Johannes fordert, was vor ihm schon viele forderten: endlich ernst zu machen mit der Gerechtigkeit, die Gottes Weisung entspricht. Deshalb legt er sich mit

denjenigen an, die es besser wissen müssten, weil sie Gottes Weisungen von Kindheit an zwar kennen, sie aber nicht in ihrem Leben umsetzen.
Bei alldem will dieser passionierte, kritische Prediger erstaunlicherweise nicht sich selbst in den Mittelpunkt rücken, sondern einen anderen, der mit dem Feuer heiliger Geistkraft taufen wird.
Dieser andere ist Jesus. Er betritt die Szene am Jordan mit dem Wunsch, wie die übrigen Menschen getauft zu werden. Doch daraus wird nichts: Seine Taufe erweist sich als ein unvergleichliches, einmaliges Geschehen, das ihn aus der Menge der Anwesenden heraushebt – jedenfalls für einen Augenblick, der ebenso alltäglich wie geheimnisvoll ist.
Es ist der Moment einer vielschichtigen und folgenreichen Begegnung.

Die Übersetzung von Marlene Crüsemann macht die Bewegungen und die Spannungen in dem Predigttext besonders deutlich. Jesus kommt. Er bittet Johannes um die Taufe. Doch Johannes verweigert sie ihm. »*Ich* hätte es nötig, von dir getauft zu werden – und du kommst zu mir?« Johannes spürt, dass er einem einzigartigen Menschen gegenübersteht, sieht in ihm etwas Höheres und erkennt es an. Jesus bittet erneut, drängender. Johannes gibt nach. Ein Dialog folgt. Eine Auseinandersetzung, an deren Ende der Täufer für einen Augenblick die Umkehrung der Rangordnung anerkennen muss. Jesus ordnet sich unter. Sein Absteigen hat schon begonnen, bevor er ins Wasser hinuntersteigt. »Lass es zu, jetzt. Denn so ist es richtig für uns, um alle Gerechtigkeit zu erfüllen.« Es ist also nicht so, dass in diesem einzigartigen Jetzt eine Gerechtigkeit auftauchen würde, die es noch nie gegeben hat. Nicht von ihrer Erschaffung, sondern von ihrer Erfüllung ist die Rede, von ihrem Wirklich- und Wirksamwerden im Leben dieses von Johannes getauften Menschen.
Die Taufe Jesu selbst wird nicht erzählt. Erzählt wird der Augenblick, als Jesus aus dem Wasser wieder aufsteigt, nachdem er untertauchte und getauft wurde. Nun gibt es etwas zu sehen. Einmal für die *Leute*: »Und seht. Der Himmel öffnete sich.« Dann ändert sich die Erzählperspektive: *Jesus* sieht »die Geistkraft Gottes auf sich zukommen, herabsegelnd wie eine Taube«.
Es ist durchaus möglich, dass die Leute und Jesus nicht dasselbe sehen (sie haben ja auch in Jesus zunächst nicht denselben gesehen wie den, den Johannes gesehen hat). Anders verhält es sich mit der Stimme, die aus dem Himmel spricht: »Dies ist mein geliebtes Kind, das mir Freude macht.« Aus einer wie großen Entfernung diese Stimme auch herüberkommen mag – sie muss nicht in den Alltag der Leute hinein übersetzt werden. Denn sie lässt eine sehr vertraute Situation anklingen. Es ist so, wie wenn Vater oder Mutter ihre Kinder fremden Leuten vorstellen. Heute würden wir sagen: »Das ist Ute, meine Tochter, das ist Markus, mein Sohn.«
Johannes kann Jesu Geheimnis ein Stück weit erkennen. Das eigentliche Geheimnis der Geschichte aber lebt in dem, was Jesus mit sich geschehen sieht: die aus dem

Himmel auf ihn herab kommende Geistkraft Gottes. So ist erklärt, wie es möglich ist, was Johannes ankündigte: Jesus wird taufen mit heiliger Geistkraft und mit Feuer. Jesus ist offensichtlich mit anderen Kräften verbunden als Johannes.

Zwei Ebenen berühren einander in dieser Geschichte.

Die *alltägliche* Ebene: Der Weg Jesu von Galiläa zum Jordan. Die Begegnung mit Johannes. Das Eintauchen ins Wasser und das Aufsteigen aus dem Wasser.
Die nicht alltägliche, die *geheimnisvolle* Ebene: das Niedersinken der Geistkraft auf Jesus, in der das Göttliche in Erscheinung tritt und sich als innig mit diesem Menschen verbunden zeigt.

Besonders kunstvoll an dieser kurzen Erzählung ist die Art, wie Alltägliches und Geheimnisvolle, Hohes und Tiefes so miteinander verwoben sind, dass hinterher nicht Himmel und Erde als zwei Welten sichtbar werden, die nichts miteinander zu tun haben. In Jesus sind Himmel und Erde eins. Im Jordan wird weder ein neuer Held noch ein neuer Gott geboren. Sondern: *Das Geheimnis Gottes erscheint als das Geheimnis dieses Menschenkindes.*
Das Himmelswort, in dem Jesus den Menschen vorgestellt wird, enthält wunderbarerweise beide: die Geheimnisdimension und die Alltagsdimension.

Predigtvorschlag

Unser Predigttext ist ein sehr schönes Beispiel für die biblische Erzählkunst. Kurz und bündig erzählt er eine Geschichte, die sich gut und gerne auch auf hunderten von Seiten entfalten ließe. Denn er behandelt das schwierige und rätselhafte Thema der Erscheinung Gottes in der Welt. Wie ist es möglich, dass Menschen einen Eindruck von einer Gottheit bekommen, die in fernen Himmeln zu Hause ist? Wie können sie sie wahrnehmen, die doch unsichtbar ist? Nur im Glauben? Wie sonst sollten sie sich diesen Phänomenen nähern? Und wenn sie tatsächlich eine solche Begegnung hätten, wie könnten sie überhaupt erkennen, dass es wirklich die Gottheit ist, die erscheint, und nicht irgendein Traumbild, ein Fantasieprodukt, vielleicht auch eine Erinnerung an irgendeine intensive, erschütternde Sinneswahrnehmung?

Erinnerungen an das nicht Alltägliche

Solche Erinnerungen gibt es ja: die Erinnerung an eine überwältigende Lichterscheinung zum Beispiel oder an ein herzerfrischendes Eintauchen in klares Wasser.
Von wunderbaren Ereignissen überwältigt werden, sich wie neu geboren fühlen – das sind Erfahrungen, die Menschen offensichtlich immer schon über die Grenzen des Alltags hinausgeführt haben.

Beispiel aus der Geschichte der Religionen

In der Nacht vom 5. zum 6. Januar wurde im Alten Ägypten die Geburt Aions, des Sonnengottes, durch die Jungfrau Kore festlich begangen. Nach den Feierlichkeiten zog man zum Nil, um Wasser zu holen. Diesem Wasser schrieb man heilende Kräfte zu.[13]

Beispiel aus der Geschichte des Epiphanias-Festes

Licht und Wasser sind die herausragenden Themen des Epiphaniasfestkreises, bei dem es zuerst um die Geburt und die Taufe Jesu ging. Später, nachdem die Feier der Geburt Jesu auf das Weihnachtsfest verlegt worden war, kamen die Geschichte von der Hochzeit zu Kana und die Ankunft der drei Magier in Bethlehem dazu. Die Verwandlung von Wasser in Wein machte deutlich, dass Jesus über besondere Gaben verfügte. Und die Magier, geleitet vom Licht des Sterns, der ihnen erschienen war, sahen in ihm von Anfang an das Besondere.

Gegenaspekt: Wüste

Das Licht, das vom Himmel kommt, und das Wasser, das vom Himmel und aus der Erde kommt, lenken die Blicke der Menschen offenbar über ihren Alltag hinaus.
Bevor aber das Wunderbare in Erscheinung treten kann, macht es Matthäus richtig spannend.
Johannes, um den sich zunächst alles dreht, tritt am Anfang der Geschichte in der Wüste von Judäa auf. Die Wüste – das ist die Landschaft, in der das Licht des Himmels in seiner Überfülle zur tödlichen Bedrohung wird. Hitze, Wind, Sand und Stein können kein Leben schenken. Sie können weder den Hunger stillen noch den Durst löschen. Die Wüste weckt die Sehnsucht nach den anderen Landschaften, in denen die Sonne die Erde wärmt und das Leben aus ihr hervorruft. Die Sehnsucht nach den Quellen, den Flüssen, den Bäumen, den Vögeln. Die Sehnsucht nach dem Licht in seiner milden, freundlichen Form.
Menschen werden in unwirtlicher Gegend aufmerksam auf das, was zu den einfachen Voraussetzungen des Lebens gehört. Sie werden sensibel für ihre Sehnsüchte: die des Körpers und die der Seele. Sie müssen sich mit sich selbst auseinander setzen und können dieser Auseinandersetzung nicht ausweichen. Es gibt keine Ablenkungen und keine Unterhaltung. Es gibt kein Ausweichen vor sich selbst. Die Wüste ist also gerade die richtige Landschaft für den Bußruf des Johannes. Tut Buße – das bedeutet ja: Begegnet euch selbst so, wie ihr im Inneren wirklich seid. Besinnt euch auf das wirklich Notwendige, verliert euch nicht im Vorläufigen und Zufälligen. Entdeckt den Lebenssinn, werdet aufmerksam auf Gott.

Darin steckt eine neue Perspektive: Gott kommt den Menschen rettend entgegen; die Hilfe ist schon nah.

Ortswechsel

Johannes kommt zum Jordan. Nach dem Zeremoniell der Einsamkeit in der Wüste, nach der Begegnung mit sich selbst, folgt die Begegnung mit dem lebendigen Wasser, die Begegnung auch mit anderen suchenden Menschen. Ihre Sehnsucht (auch ihre religiöse Sehnsucht, vgl. das Jesajazitat in Vers 3) hat eine Antwort gefunden. Das Zeremoniell der Taufe spendet ihnen Leben. Die Menschen können hinter sich lassen, was sie bedrückt und beschwert hat. Sie können unbelastet neu beginnen und Frucht bringen. Ihr Leben hat wieder einen Sinn. Vertrauen und Zuversicht kehren zurück.
Was könnte denn jetzt noch passieren? Was könnte solche paradiesischen Momente denn noch überstrahlen? Matthäus leitet den Höhepunkt seiner Geschichte mit dem Ankommen Jesu bei Johannes ein: »Dann kam Jesus ...« Ein Ankömmling mehr in der großen Menge, wie sollte der schon besonders auffallen? Wir erfahren nicht, ob Jesus sich geduldig angestellt hat, bis er an der Reihe ist, oder ob er sich ungeduldig vordrängt. Gedrängelt haben aber sicher auch noch andere, das war nicht das Besondere. Erst als Jesus Johannes gegenübersteht, wird deutlich, dass hier etwas Unerhörtes geschieht. Statt sich über diesen neuen Täufling zu freuen, weigert sich Johannes, ihn zu taufen. Er sieht in ihm die Antwort auf die großen Sehnsüchte seines Volkes: auf die Sehnsucht nach Befreiung, nach Gerechtigkeit, nach Leben. In der Person dieses Ankömmlings erkennt Johannes nicht mehr und nicht weniger als die Antwort Gottes auf die Erwartung der Menschen. Als könnte er diesem Fremden ins Herz schauen, als könnte er dessen innerstes Wesen wahrnehmen. Johannes wird von einer Kraft ergriffen, der er sich beugen muss: »*Ich* hätte es nötig, von dir getauft zu werden – und du kommst zu mir?«
Hier wäre für Matthäus eine gute Gelegenheit gewesen, ein literarisches Feuerwerk zu entfesseln. Zum Beispiel: Johannes wirft sich vor Jesus nieder und proklamiert ihn zum neuen Herrn der Taufe. Oder: Johannes verlässt demonstrativ die Szene, weil er sich überfordert fühlt. Oder: Er ist schlichtweg unfähig, die Taufe dieses hohen Fremden durchzuführen, weil er sozusagen vor Ehrfurcht erstarrt.

Erfüllung: die Gerechtigkeit

Matthäus erzählt seine Geschichte auf eine andere Art weiter. Jesus nimmt sich in seiner Antwort an Johannes persönlich ganz zurück und weist auf die Gerechtigkeit hin, die für alle Menschen erfüllt werden muss. Jesus selbst sieht sich als ein Werkzeug dieser Gerechtigkeit – so wie auch Johannes ein Werkzeug der Gerechtigkeit ist, indem er Jesus tauft.

Gerechtigkeit – so nennt Jesus die Antwort auf die große Sehnsucht. Nun findet diese Sehnsucht ihre Erfüllung. »Lass es zu, jetzt.«
Von Anfang an kommt mit der Gerechtigkeit ein neuer Maßstab in die Welt: Es ist gerecht, dass der Höhere sich von dem Niederen taufen lässt. Der Höhere geht den Weg aller Menschen. Er geht nicht einen Sonderweg.
Er geht den Weg aller, aber er ist nicht wie alle. Matthäus berichtet, dass Jesus sofort nach der Taufe aus dem Wasser steigt. Jesus lässt die Taufe unverzüglich hinter sich, als sei sie lediglich ein kurzer Durchgang gewesen, ein großer Augenblick vor einem noch größeren Augenblick. Dieser größere Augenblick ereignet sich nun tatsächlich. Kaum hat sich der Wasserspiegel unter Jesu Füßen geschlossen, da öffnet sich der Himmel über ihm. Für einen Augenblick wird der Himmel durchscheinend und durchlässig für eine Kraft und ein Wort, die aus den Himmeln hinter den Himmeln zur Erde kommen. Es ist eine göttliche Kraft und es ist ein göttliches Wort.
Jesus steht unmittelbar in dem Strömen dieser Kraft und in dem Klingen dieses Wortes. Wort und Kraft umhüllen ihn, wie ihn zuvor das Wasser des Flusses umhüllt hat. Sie umhüllen ihn nicht nur, sie ergreifen ihn. Sie nehmen sozusagen Besitz von ihm. Die Geistkraft erfüllt ihn mit göttlichem Atem, die Stimme stellt ihn als von Gott geliebtes Menschenkind vor. Geistkraft und Wort prägen diesen getauften Ankömmling, geben ihm sein unverwechselbares, eigenes Profil. Es erweist sich als auf das Engste mit der göttlichen Welt verbunden.
Darüber hinaus gibt es nichts mehr von der Taufe Jesu im Jordan zu erzählen. Matthäus macht einen Punkt hinter der göttlichen Liebeserklärung »Dies ist mein geliebtes Kind, das mir Freude macht.« Punkt und Ende der Geschichte.
Daran gibt es nicht mehr viel herumzudeuteln. Wenn Eltern von ihren Kindern sagen »Das ist meine Tochter Ute, das ist mein Sohn Markus, wir haben Freude an ihnen«, ist das Wesentliche mitgeteilt. Wir wissen, dass diese Eltern sich über ihre Kinder freuen, dass sie Vertrauen zu ihnen haben und sich zu ihnen bekennen. Was wollen wir mehr wissen? Wie es weitergeht mit den Kindern? Welche Abenteuer sie bestehen müssen? Durch welche Ängste und Verzweiflungen sie gehen werden? Welche Auseinandersetzungen sie haben werden? Ob die Liebe der Eltern sie wirklich tragen wird? Welche Enttäuschungen sie erwarten? Welches Glück ihnen zuteil werden wird?
Alles ist in Zukunft möglich. Aber hier und jetzt wird eine Grundlage sichtbar: »Dies ist mein geliebtes Kind, das mir Freude macht.« Hier wird sichtbar, dass manche Grundlagen, die Menschen legen (wie hier die Taufe), nicht im Leeren schweben, sondern ihrerseits wohl begründet und wohl gegründet sind: auf göttlichem Grund. Dieser Grund ist unzerstörbar. Die Verbindung mit dem Himmel ist unauflösbar.

Punkt und Ende der Predigt?

Nein, noch nicht ganz. Eine Erinnerung daran, wie es weitergegangen ist mit diesem fremden Ankömmling, ist beinahe unumgänglich. Denn es hat sich erwiesen, dass der gelegte Grund tatsächlich unzerstörbar, die aufgezeigte Verbindung tatsächlich unauflöslich war. Das war an Ostern. An Ostern erschien Jesu unzerstörbares Leben. Jesus ließ den Tod unverzüglich hinter sich, als sei der Tod lediglich ein kurzer Durchgang gewesen, ein großer Augenblick des Erlöschens vor einem noch größeren Augenblick des Aufleuchtens.

Alternativer Vorschlag

Wer in der Predigt nicht der Textstruktur folgen möchte, sondern einen aktuellen Anknüpfungspunkt vorzieht, könnte das Thema Taufe am Beispiel der Taufe von Gemeindegliedern erläutern (möglichst in einem Taufgottesdienst).

1. Viele Menschen glauben, dass die Taufe einen unzerstörbaren Schutz verleiht – ein Aberglaube? Oder die Ahnung davon, dass ein Menschenleben nicht nur physisch, sondern auch im seelischen und geistigen Sinn gehütet und gepflegt werden muss?
2. Gottes Geistkraft taucht ein in die Welt und lässt nicht zu, dass sie nur von geistlosen und zerstörerischen Kräften berührt wird. Gott verbindet sich mit Menschenleben, damit Menschen sich nicht an sinnentleerte oder todessüchtige Lebenskonzepte verlieren müssen. Gottes Geistkraft ist eine Gegenkraft zu materialistischen und selbstsüchtigen Sehnsüchten.
3. Bei der Taufe tauchen wir sozusagen in die andere Welt Gottes ein, stellen unsere Verbundenheit mit ihr dar. Diese Verbundenheit ist unauflöslich.
4. Die Geschichte von der Taufe Jesu zeigt nicht nur das Besondere dieses Menschenkindes, sondern auch das, was für alle Menschenkinder gilt: erfüllt sein von göttlicher Geistkraft, getragen sein von göttlicher Liebe. Die Taufe Jesu ist ein Basis-Dokument, ein Hoffnungs-Label.
5. Auf der Grundlage der Taufe gibt es nur ein angemessenes Lebenskonzept: das Tun der Gerechtigkeit.

Erhard Domay

---

13. Vgl. Karl-Heinrich Bieritz: Das Kirchenjahr. Feste, Gedenk- und Feiertage in Geschichte und Gegenwart, München 1988.

Passion
Der Brief an die Hebräerinnen und Hebräer 4,12-13

Bettina Naumann

Zum Text

Dem Leben eine Stimme geben

Ein kurzer exegetischer Rundgang zum Kontext

Der Brief an die Hebräerinnen und Hebräer wurde, wegen zweifelhafter Verfasserschaft des Paulus, erst spät in den Kanon der neutestamentlichen Schriften aufgenommen. Die Anonymität des Briefes und die Zögerlichkeit, Lehrautorität zu beanspruchen, führten dazu, dass man eine Frau (die aus Röm 16,3-5; Apg 18,2.24-26; Tim 4,19 bekannte Priscilla) als Verfasserin vermutete. Von seiner Gattung her ist das Schreiben an die Hebräerinnen und Hebräer allerdings mehr Predigt als Brief, orientiert am Stil antiker Rhetorik. Mit seiner Botschaft richtet es sich an eine Gemeinde, die in der Gefahr stand, ihren Glauben und ihre Hoffnung zu verlieren – dabei ist strittig, ob eine bis zu dieser Zeit anhaltende Verfolgung und Bedrängnis oder eine möglicherweise bereits entspannte Situation Ursache für die Ermüdung war. Festzustellen war jedenfalls, dass die Bindungskraft der christlichen Gemeinschaft in dieser zweiten Generation nachließ. (Ein Zeichen dafür war z.B., dass einige nicht mehr zu den Gottesdiensten kamen, so Hebr 10,25.) Der Brief ist deshalb Aufforderung und Ermutigung zugleich: An der Gemeinschaft festzuhalten und im Glauben auszuharren auf der »Wanderschaft hin zur himmlischen Vollendung« (s. Hebr 10,39).
Die beiden Verse Hebr 4,12-13 sind eine Art Scharnier. Zum einen verstehen sie sich als eine Zusammenfassung des im Brief direkt Vorausgegangenen: So wie das wandernde Gottesvolk einst in der Wüste auf dem langen Weg in das verheißene Land (ab Hebr 3,7), so hat sich auch heute christliche Gemeinschaft vor dem Wort Gottes zu verantworten. Dazu greift die Verfasserin bzw. der Verfasser auch noch einmal auf den Beginn des Briefes zurück: »So wie Gott vor Zeiten oft und auf vielerlei Weise durch Prophetinnen und Propheten zu unseren Vorfahren gesprochen« hat, so hat Gott »am Ende dieser Zeiten zu uns gesprochen, und zwar durch Gottes erstgeborenes Kind«[14] und macht damit deutlich: Gottes lebendige Stimme und das wandernde Gottesvolk, beides gehört –

durch alle Zeiten hindurch – zusammen. Im Fortgang des Briefes wird dann der Blick auf den geworfen, der als Mitleidender (Hebr 4,15) und Fürsprechender zugleich Richter ist.

Eine Annäherung

Hebr 4,12-13
12Gottes Wort ist lebendig. Es ist wirksam und schärfer als jedes zweischneidige Schwert. Es dringt tief in das Innere und zertrennt irdische und himmlische Gedanken, Gelenke und Mark. Es richtet die Vorstellungen und Wünsche des Herzens. 13Vor Gott bleibt kein Geschöpf verborgen, alles liegt nackt und aufgedeckt vor Augen. Vor Gott müssen wir Rechenschaft ablegen.
Übersetzung von Matthias Klinghardt

Gewaltig, mächtig, brutal – das sind meine Eindrücke beim ersten Lesen des Textes. Gottes Wort, das scheidet – das nicht versöhnt, verbindet, heilt – sondern richtet, und im Richten vernichtet. Bilder von Hinrichtungen – in Historienfilmen minutiös nachgestellt – sind in meinem Kopf. Nackt und bloß – so muss der Delinquent dem Scharfrichter seinen Nacken präsentieren. Da zerschneidet ein Schwert, ein Detail beschrieben, das Leben: Mark und Bein, Seele und Geist – nichts bleibt unberührt und unbeschadet.
Das geschärfte zweischneidige Schwert, das auf die Feinde niederfällt – Visionen einer rächenden und Hass mit Hass vergeltenden Gottheit kommen mir in diesen Versen scheinbar entgegen. Aber: Nicht hassend und vergeltend, sondern dem Leben verpflichtet ist Gott: Gott ist nicht Gott der Toten (Mk 12,27). Deshalb lässt sich Gott selbstverständlich mit einem Wort vernehmen, das nicht nur ins Leben ruft, sondern selbst lebendig ist. Dieses lebendige Wort Gottes führt – dafür steht das Bild vom *zwei*schneidigen Schwert – zum Heil oder zum Gericht, es kann schaffen und erhalten, aber auch richten und vernichten, es birgt Verheißung und Drohung zugleich. Und: Es bleibt nicht ohne Folgen. Das Wort Gottes hat nicht informativen Charakter, sondern es schafft – so wie in Gen 1 in Wort und Bild gefasst – eine neue Wirklichkeit: »Denn es ist nicht ein leeres Wort für euch, sondern es ist euer Leben« (Dtn 32,47), und das heißt in der Umkehrung auch: Weghören, überhören, sich verweigern bringen den Tod. Das schaffende, schöpfende Wort Gottes redet Menschen an und stellt sie also vor eine Entscheidung.
Dieses »lebendige Wort« – so konkretisiert Vers 12 – ist deshalb wirksam, schärfer, durchdringend, richtend.
Wirksam: Das heißt: Gottes Wort ist am Werk und umgekehrt: »Der Gebrauch des Wortes bringt in Berührung mit Gott, der Missbrauch tastet Gott an.«[15] Die Entscheidung vollzieht sich in der Begegnung mit dem Wort Gottes. Es ist wie ein zweischneidiges Schwert, das alles spaltet und auch die geheimsten Ge-

danken des Herzens an die Oberfläche bringt und sichtbar macht. Doch nicht die tödliche Wirkung steht im Vordergrund, sondern die überraschende Tatsache, dass sich keiner und keine dem Sichtbarmachen des bisher Unsichtbaren entziehen kann.

Schärfer: Der »tödliche« Unterton des Textes macht sich wohl vor allem an diesem Adjektiv fest. Biblische Gerichtsbilder sind da gegenwärtig: Gott, das blitzende Schwert schärfend und die Hand zur Strafe gegen die Völker erhebend – hassend und vergeltend (so z.B. Dtn 5,41). Hebr 4,12-13 nimmt dieses Motiv auf – von der Zweischneidigkeit des göttlichen Wortes ist die Rede (vgl. Offb 1,16): Einer scharfen Klinge gleich dringt es in Seele und Geist – in das Innere des Menschen. Nichts bleibt unberührt – weder die Seele (*psyche*) als das Zentrum des menschlichen Empfindens, noch der Geist (*pneuma*) als der Träger des Lebens. Die ganze Person wird erfasst – »irdische und himmlische Gedanken«. Gelenke und Mark sind in diesem Zusammenhang weitere Bilder für das Innerste der Seele. Das Wort dringt bis in die geheimsten Fugen und das innerste Mark, nichts wird ausgespart. »Das Wort zerlegt gewissermaßen alles in seine Atome.«[16]

Richten: Das durch das Ohr gedrungene Wort Gottes zerteilt den Körper bis in die tiefste Mitte der Person – bis zum *kardia*, dem Herzen, welches in breiter biblischer und außerbiblischer Tradition als das Entscheidungszentrum des Menschen galt. Das Herz symbolisiert die gesamte Person – den Menschen mit all seinem Wollen und Sein. Gottes Wort besitzt die Fähigkeit, alle Erwägungen und Gedanken des menschlichen Herzens zu beurteilen. Es ist die Instanz, die dem menschlichen Handeln in all seiner Fragwürdigkeit als Richtmaß gegenübersteht.

Nachdem das bisher Ungesehene nun ans Licht gebracht ist, wird es von eben diesem Wort Gottes gerichtet: Der Kritikos, die Recht sprechende Instanz, entscheidet über das Verborgene des Herzens. Bloß und aufgedeckt, nackt und schutzlos – so wird das dem leiblichen Auge bisher Unsichtbare offenbar. Niemand kommt unerkannt davon – vor dem unbestechlichen Gericht muss Rechenschaft abgelegt werden. Gott und Gottes Wort sind eins – so interpretiert es die Übersetzung in gerechter Sprache folgerichtig: Nichts bleibt vor Gottes Wort verborgen.

Vor den Horizont des Gotteswortes treten wir schließlich mit unserem Wort. Denn Gottes Wort fordert nicht nur zum Hören (Hebr 3,7) bzw. zum besseren Hören dessen, was verkündigt ist. »Es fordert auch das Wort ein, das von uns aus ergeht.«[17]

Der Text hat diese beiden Seiten: Die absolute Offenlegung des verborgensten Gedankens auf der einen und der verantwortliche Umgang mit dem Wort auf der anderen Seite. Beides dürfte Zeitgenossinnen und Zeitgenossen unterschiedlich berühren.

Ersteres gehört zum einen zu den »Medienerscheinungen« unserer Zeit: In täglichen Talkshows werden auch die letzten und geheimsten Gedanken freiwillig offenbart oder clever erfragt, füttern Insider die Boulevardpresse mit »schockierenden« Enthüllungen über jenen Star oder dieses Sternchen. Doch auch im »normalen« Leben gibt es – von Arbeitgeberinnen und Arbeitgebern, Versicherungen, Verfassungsschutz u.v.a.m. – den Wunsch nach dem »gläsernen« Menschen, von dem dann, um alles wissend, Rechenschaft gefordert werden kann.

Der verantwortliche Umgang mit dem Wort wiederum gehört nicht zu den Alltagserscheinungen unserer Zeit: Hier ist es im öffentlichen Leben eher die Flut der Worte hinter der viele öffentlich Redende sich verbergen, um klare Aussagen, Zusagen, Positionierungen zu vermeiden.
Und auch im Privaten: Wer vertraut schon wirklich noch dem Wort eines anderen, einer anderen, wenn es um Wichtiges geht – nur das auf Papier Fixierte hat Bestand.
Diese gesellschaftliche Wirklichkeit gilt es wahrzunehmen, wenn über Hebr 4,12-13 zu »reden« ist.
Die offenbarende Kraft des Wortes Gottes zielt – im Gegensatz zu dem oben Genannten – auf das Leben. Es will nicht entblößen und beschämen, sondern ist Hilfe zur Erkenntnis, es bringt – durch eine klärende Scharfsicht – Ungeordnetes in richtige, lebensvolle Ordnungen.
Erst vor diesem Horizont, so angesprochen und zum Leben bewahrt, ist es möglich Rechenschaft zu geben und als Einzelner, Einzelne, aber auch als christliche Gemeinschaft das Wort Gottes verantwortlich zu sprechen und weiterzusagen: Klar und konkret, Partei für das Leben nehmend, gegen alles Lebensverhindernde stehend. Die Kirche des Wortes hat den Auftrag, das Wort Gottes so weiterzusagen, dass es »den Nebel von Gerüchten, Vermutungen und Ängsten durchbricht, Fehler und Machenschaften aufdeckt, die Dinge beim Namen nennt und Perspektiven eröffnet«.[18]

---

14. Übersetzung von Matthias Klinghardt, in: Erhard Domay/Hanne Köhler (Hg.): der gottesdienst, Bd. 4: Die Lesungen, Gütersloh 2001, 67.
15. Erich Gräßer: Der Brief an die Hebräer (ÖTBK 20), Gütersloh 2002, 231.
16. A.a.O., 236.
17. Martin Karrer: Der Brief an die Hebräer (ÖTBK 20), Gütersloh 2002, 225.
18. Wolfgang Koeppen: Sexagesimae, in: Predigtstudien für das Kirchenjahr 1996/1997, 1. Halbband, Stuttgart 1996, 148.

Zum Gottesdienst

Musik zum Eingang

Eröffnung

LiturgIn:
Welches Wort gilt in einer Flut der Worte?
Welches Wort bleibt?
Welches Wort haben wir zu sagen?

Begrüßung

Lied: »Liebster Jesu, wir sind hier« (EG 161,1-2)

Psalmgebet: Ps 5

Im Wechsel zwischen LiturgIn und Gemeinde.

LiturgIn:	Gott, meinen Worten öffne dein Ohr, merke auf mein Reden.
Gemeinde:	Meine Worte lege ich dir vor und warte gespannt.
LiturgIn:	Vernimm mein Schreien, Gott, Ja, zu dir bete ich.
Gemeinde:	Meine Worte lege ich dir vor und warte gespannt.
LiturgIn:	Dir Gott, gefällt das Gottlose nicht. Die Bösen finden bei dir weder Rast noch Ruh.
Gemeinde:	Meine Worte lege ich dir vor und warte gespannt.
LiturgIn:	Die, die Lügen reden, bestehen nicht vor deinen Augen. Du verabscheust alle, die ihre Taten vertuschen.
Gemeinde:	Meine Worte lege ich dir vor und warte gespannt.
LiturgIn:	Ich darf in dein Haus gehen durch deine große Güte und wende mich dir zu in großer Achtung.
Alle:	*Lied:* »Lob, Ehr und Preis sei Gott« (EG 321,3)

Kyrie

2 Alternativen zur Auswahl

Variante 1 – Sprechmotette

Gut, wenn eine Improvisation auf Orgel o.a. Instrument vorausgeht, die die Intention der Sprechmotette aufnimmt – aus der Klarheit entsteht die Verwirrung und dann die Leere.
Die Sprechmotette wird gesprochen aus unterschiedlichen Ecken des Kirchenraumes – wobei SprecherIn 1 in der Mitte des Altarplatzes steht. Zunächst folgen die Worte klar aufeinander, dann »verwirren« sich die SprecherInnen – dann plötzliche Ruhe – dahinein die beiden Schlusssequenzen.

Klarheit:
SprecherIn 1: Worte können
SprecherIn 2: ermutigen
SprecherIn 3: aufdecken
SprecherIn 4: verzeihen
SprecherIn 2: beschämen
SprecherIn 3: aufrichten
SprecherIn 4: verletzen
SprecherIn 2: heilen
SprecherIn 3: erklären
SprecherIn 4: verurteilen

Verwirrung:
Worte werden gleichzeitig von allen gegeneinander – mehrmals wiederholend – gesprochen – in der Lautstärke deutlich gesteigert – dann plötzlicher Abbruch.
SprecherIn 2: helfen – verändern – die Wahrheit sagen – Partei nehmen
SprecherIn 3: beschönigen – einschüchtern – verraten – lügen – entmutigen
SprecherIn 4: verdecken – Klarheit schaffen – beleidigen – versöhnen

Ruhe:
Eine angemessene Pause.
SprecherIn 1: Worte können
SprecherIn 2/3/4: abhanden kommen
SprecherIn 1: in einer Flut der Wort

Variante 2: Inszenierung

(Aus: Im Brennglas der Worte. Zeitgenössische Lyrik als Element der Liturgie, hg. von Erhard Domay und Vera-Sabine Winkler, Gütersloher Verlagshaus, Gütersloh 2002, S. 58.)

Durch den Mittelgang der Kirche geht eine Person langsam auf den Altar zu. Sie ist in einen Umhang gehüllt, auf den viele Buchstaben gedruckt sind. Kurz be-

vor sie den Altarraum erreicht, gleitet ihr der Umhang von den Schultern. Die Person geht trotzdem weiter und bleibt erst unmittelbar vor dem Altar stehen. Mit dem Rücken zum Kirchenraum liest sie den Text:

Meine Sprache hat mich verlassen
sie ging aus dem haus
zum briefkasten
und kam nicht wieder

Jetzt wünsche ich ohne zu beten
jetzt hasse ich ohne zu fluchen
jetzt liebe ich ohne gedichte zu machen

Es ist alles wie immer
nur kälter
Dorothee Sölle

Sowohl nach Variante 1 als auch nach Variante 2:
Die Orgel o.a. Musikinstrument setzt vorsichtig mit Melodieausschnitten eines Kyrie aus Taizé ein und fügt alles erst nach und nach zusammen – danach Einladung an die Gemeinde.

Gemeinde: »Kyrie eleison« (Taizé)

Gloria

Täglich hören wir Worte und Reden,
aber sie sind von Verschweigen und Unverständnis durchzogen.
Täglich sprechen wir Worte und erreichen einander nicht.
Doch manchmal gelingt es:
Wir finden Worte, die gut tun,
Hoffnung wird lebendig,
Gemeinschaft trägt.
Wir danken Gott und singen:
Gemeinde: »Gloria, Gloria in excelsis deo« (nach Taizé)

Tagesgebet

Wir suchen dein Wort, Gott, verborgen in menschlichen Worten.
Wir suchen dein Wort, Gott, in den Überlieferungen und Erfahrungen derer, die vor uns gelebt haben.
Wir wollen dein Wort weitersagen, Gott.

Wir brauchen deine Geistkraft, dass wir Worte finden.
Wir brauchen deine Geistkraft, dass unsere Worte vom Leben erzählen.
Wir brauchen deine Geistkraft, dass unsere Worte für das Leben eintreten.
Hilf uns, Gott, dass wir deine Stimme aus den vielen Stimmen hören
und annehmen, was du uns sagen willst,
heute und morgen, bis in Ewigkeit.
Amen.

Lesung: Jes 55,(6-9)10-12a

adonai/gott: *Es ist entweder adonaj oder gott zu lesen.*
6 Sucht adonai/gott, Gott lässt sich finden,
ruft Gott an, adonai/gott ist nah!
7 Die Böses getan haben, sollen ihren Weg verlassen,
und die Übel tun, ihre Planungen.
Sie sollen zurückkehren zu adonai/gott,
Gott wird ein tiefes Gefühl für sie aufbringen.
Sie sollen sich wenden an unseren Gott, dort ist viel Vergebung.
8 »Ja, meine Planungen sind nicht eure Planungen
und eure Wege nicht meine Wege«, spricht adonai/gott.
9 Vielmehr: »So hoch der Himmel über der Erde steht,
so viel höher sind meine Wege als eure Wege
und meine Planungen als eure Planungen.
10 Ja, wie Regen und Schnee vom Himmel fallen
und nicht dorthin zurückkehren,
sondern die Erde befeuchten
und sie fruchtbar werden und etwas wachsen lassen,
sodass sie Samen gibt denen, die säen, und Brot denen, die essen,
11 so ist es auch mit dem Wort, das von meinem Mund ausgeht.
Es kehrt nicht leer zu mir zurück,
es richtet aus, was ich will,
und lässt gelingen, wozu ich es ausgesandt habe.
12 Ja, in Freuden werdet ihr ausziehen
und in Frieden geleitet werden.«
Übersetzung von Jürgen Ebach

Lied: »Herr, dein Wort, die edle Gabe« (EG 198)

Glaubensbekenntnis

Predigt und Lied nach der Predigt

Schuldbekenntnis[19]

LiturgIn:
In Demut und beschämt bekennen wir:
Gemeinde:
Wir haben viel versäumt, Gott, an dir:
Zeit verplanten wir ohne dein Wort, ohne Gebet,
ohne Dank für deine Zeichen der Liebe und Nähe.

Wir haben viel versäumt, Gott, an dir:
Lüge benutzten wir zur Täuschung;
Worte spitzten wir an zu Pfeilen:
Sie trafen Menschen und verwundeten.

Wir haben viel versäumt, Gott, an dir:
Hungrigen gaben wir nichts zu essen,
Durstigen nichts zu trinken.
Fremde nahmen wir nicht auf,
Bedürftige kleideten wir nicht.
Kranke haben wir nicht besucht, auch nicht Gefangene.

Wir haben viel versäumt, Gott, an dir, sehr viel!
Erbarme dich unser.

Lied: »O Gott, nimm unsre Schuld« (EG 235)

Die Anrede »Herr« im Original wurde durch »Gott« ersetzt.
LiturgIn:
Gottes Gnade verkünden in Worten und Taten –
das ist unsere Aufgabe.
Wer von uns wird ihr gerecht?
Wir müssen alle bekennen,
dass wir darin versagen,
wieder und wieder.
Wir bitten Gott um Vergebung:
Gottes Gnade verkündigen in Worten und Taten –
das bleibt uns aufgegeben. Amen.

Fürbitten

LiturgIn 1:
Lasst uns beten:

Gott spricht: Mein Wort kehrt nicht leer zu mir zurück –
es richtet aus, was ich will,
und lässt gelingen, wozu ich es ausgesandt habe.
Jes 55,11; nach der Übersetzung von Jürgen Ebach

LiturgIn 2:
Lass uns deinem Wort vertrauen.
Lass uns unser Leben mit anderen teilen.
Lass uns Zeit und Verständnis haben für Menschen,
die uns brauchen.
Hilf uns, Männern und Frauen, Eltern und Kindern,
Worte zu finden, die gut tun:
die klären, entlasten, ermutigen.
Wir bitten:
Gemeinde: Erhöre uns!

LiturgIn 1:
Gott spricht: Mein Wort kehrt nicht leer zu mir zurück –
es richtet aus, was ich will,
und lässt gelingen, wozu ich es ausgesandt habe.

LiturgIn 2:
Lass uns deinem Wort vertrauen.
Du hast uns aufgetragen,
dein Wort weiterzusagen,
zu reden, wie du geredet hast.
Hilf uns, verständlich und glaubwürdig zu sprechen.
Lass das Evangelium laut werden in allen Sprachen
und verschaffe ihm Geltung in aller Welt.
Wir bitten:
Gemeinde:
Erhöre uns.

LiturgIn 1:
Gott spricht: Mein Wort kehrt nicht leer zu mir zurück –
es richtet aus, was ich will,
und lässt gelingen, wozu ich es ausgesandt habe.

LiturgIn 2:
Lass uns deinem Wort vertrauen.
Lass uns reden wie du geredet hast vor aller Welt,
ohne Scheu und ohne Furcht.

Hilf uns, hilf allen, die in der Öffentlichkeit reden,
zu sagen, was dem Leben dient,
auch wenn es unbequem ist,
auch wenn es aussichtslos scheint,
auch wenn es gefährlich wird.
Wir bitten:
Gemeinde:
Erhöre uns.

LiturgIn 1:
Gott spricht: Mein Wort kehrt nicht leer zu mir zurück –
es richtet aus, was ich will,
und lässt gelingen, wozu ich es ausgesandt habe.

LiturgIn 2:
Lass uns deinem Wort vertrauen.
Aber wo menschliche Worte nichts mehr ausrichten,
lass uns schweigen, wie du geschwiegen hast.
Hilf denen, die zum Schweigen verurteilt sind,
Gib ihnen Geduld und Hoffnung
und lass ihr Opfer nicht vergeblich sein.
Wir bitten:

Gemeinde:
Erhöre uns.

LiturgIn 1:
Gott,
du bist das Wort, das im Anfang war
und das nicht vergehen wird.
Auf dich hören wir,
dir vertrauen wir uns an,
heute und alle Tage.

Du, im Himmel,

Gemeinde:
geheiligt werde dein Name,
dein Reich komme,
dein Wille geschehe,
wie im Himmel, so auf Erden.

Unser tägliches Brot gib uns heute.
Und vergib uns unsere Schuld,
wie auch wir vergeben unsern Schuldigern.
Und führe uns nicht in Versuchung,
sondern erlöse uns von dem Bösen.
Denn dein ist das Reich
und die Kraft und die Herrlichkeit
in Ewigkeit Amen.

Lied: »Gott, deine Güte reicht, so weit der Himmel ist« (EG 277)

Die Anrede »Herr« im Original wurde durch »Gott« ersetzt.

Sendung und Segen

Gott hält das Leben in der Hand
und gebe, dass eure Gedanken und Worte und Taten
heilen, helfen und Leben behüten.
Lasst uns im Segen Gottes gehen.

Gott segne dich und behüte dich.
    Möge dies Gottes Wille sein.
Gottes Angesicht leuchte über dir;
Gott sei dir gnädig.
    Möge dies Gottes Wille sein.
Gottes Angesicht sei über dir erhoben;
Gott gebe dir Frieden.
    Möge dies Gottes Wille sein.
Übersetzung von Annette Böckler

Anregungen für die Predigt

1. Lebendig und wirksam

In diesen Wochen begleiten wir Jesus von Nazareth auf seinem Weg ans Kreuz – sehen ihn hinaufgehen nach Jerusalem. Ihm folgten und folgen viele – durch die Geschichte hindurch – folgen dem, dessen Worte Geschichte machen, der selbst zum Wort Gottes wird. Sie ließen sich einladen von dem, dessen Worte Zeit und Raum aufhoben, den Himmel auf die Erde holten, Leben veränderten, heilten und versöhnten – in dessen Worten das, was war und das, was werden kann, nicht mehr voneinander zu trennen ist. In seinen Worten entdeckten Men-

schen, dass Himmlisches irdisch werden konnte und Irdisches himmlisch. Lebenswege veränderten sich – wurden Wege voller Begegnungen und Ermutigungen. Worte wurden zur Wegzehrung.
Gottes Wort ist lebendig und wirksam – in Jesus von Nazareth wurde es sichtbar.

2. Kritisch und scharf

Kritisch und scharf, nicht zwiespältig und zweideutig – so verkündet Jesus von Nazareth.
Er deckt Konkretes auf und benennt es klar, er fragt nach dem, was wahr ist, und er solidarisiert sich – mit den Machtlosen (als er auf einem Esel einzieht), mit den Verführten (als er die Tische der Händler im Tempel umstößt), mit den Fremden, den Ausgestoßenen, den Schwachen.
Es ist nicht das Heilende und Versöhnende, es ist das Provokante in Jesu Worten und Tun, das den Weg nach Jerusalem weiterführt ans Kreuz.

Was heißt heute: Konkretes aufdecken? Nach der Wahrheit gegen alle Verlogenheit fragen? Was meint – für andere eintreten, sich zu solidarisieren, für das Leben einzustehen?
Konkretes kann und muss zur Sprache kommen – tages- oder kirchenpolitisches – vorstellbar auch, dass der Blick auf eine »historische« Gestalt fällt: Martin Luther King und seine Rede vom August 1963 in Washington (»I have a dream«) sei hier nur beispielhaft genannt.

3. Lebendig und wirksam, kritisch und scharf – dem Leben Stimme geben

In einer Zeit, in der Worte achtlos dahingesprochen werden, kaum noch einer zu seinem Wort steht, leere Versprechungen und hoffnungslose Analysen aufgetischt werden, in dieser Zeit das richtige Wort zu sagen und dieses Wort auch wirklich so zu meinen – das ist Kirche.
Gemeinschaft der Christen, wie Jesus sie wollte, d.h. immer wieder zusammenbringen zu wollen, was auch unbedingt zusammengehört: Anspruch und Wirklichkeit, Reden und Tun.
Stark ist eine Kirche, die offen ist, die sich der Wahrheit nicht verschließt, die benennt, was ist, die zu dem steht, was sie glaubt, die das weitersagt und dem Leben eine Stimme gibt.

---

19. Angelehnt an ein Schuldbekenntnis aus der Agende von Kurhessen und Waldeck.

Gründonnerstag
Das Evangelium nach Markus 14,12-26

Irene Dannemann und
Barbara Görich-Reinel

Zum Text

Mahlgemeinschaft

Das Markusevangelium ist das älteste der vier Evangelien. Es berichtet davon, dass Frauen Jesus in Galiläa über einen längeren Zeitraum hinweg nachgefolgt sind und mit ihm nach Jerusalem zogen (Mk 15,51). Eine ganze Gruppe von Frauen kannte Jesus also schon vor seinem Wirken in Jerusalem, zog mit ihm durch Galiläa und andere Gegenden und begleitete ihn mit den männlichen Jüngern zusammen von Galiläa bis nach Jerusalem. Einige dieser Frauen gingen den gefährlichen Weg zu Jesu Grab, um ihn zu salben (Mk 16,1-8). Sie hielten länger an ihm fest als die männlichen Jünger.[20]

Diese Frauen waren Anhängerinnen Jesu. Sie waren bereit, der inhaltlichen Füllung von Nachfolge nachzukommen, nämlich dem Verständnis des Markusevangeliums gemäß »sich selbst zu verleugnen, das Kreuz aufzunehmen und Jesus nachzufolgen« (Mk 8,34). Sie wollten »dienen« (das griechische Wort dafür steckt in unserer »Diakonie«), also an erster Stelle an andere denken und sich entsprechend verhalten, nicht überheblich sein, sich nicht um jeden Preis selbst behaupten oder um Anerkennung konkurrieren.

Die Gruppe um Jesus ist als bunte Gruppe vorzustellen, zu der Frauen und auch Kinder dazugehörten. Dabei ist zu beachten, dass die biblischen Texte die Kinder kaum erwähnen, denn diese waren so selbstverständlich mit dabei, dass sie nicht nennenswert waren – beispielhaft zu sehen bei den Varianten der Speisung der 5000 oder 4000 Männer und anderer Menschen (Mt 14,21 und Mt 15,38 setzt die Frauen und Kinder ausnahmsweise explizit hinzu).

Wir müssen uns »die soziale Situation in den Städten und Dörfern der Antike so vorstellen, wie wir sie nur aus den schlimmsten Elendsberichten der Dritten Welt kennen: Kinderarbeit auf den Feldern und in den Werkstätten, vom Betteln und Ladendiebstahl bis zur Prostitution, Verkauf von Kindern in die Sklaverei, Banden von Straßenkindern als einzige Überlebensmöglichkeit.«[21]

Nun ist also die Gruppe um Jesus nach Jerusalem gekommen, um dort das Passafest zu feiern. Es ist unvorstellbar, dass beim gemeinsamen Mahl am Abend, bei

dem das Brot und der Wein gesegnet werden, die Anhängerinnen außen vor gelassen wurden.
Im Gegenteil: Entgegen der gängigen, kirchengeschichtlich dominanten Vorstellung, Jesus habe nur mit seinen zwölf namentlich bekannten männlichen Jüngern zusammen gesessen, gegessen und gefeiert, berichtet Mk 14,12-26, wie Jüngerinnen und Jünger das gemeinsame Mahl vorbereiten. Zu ihnen »gesellt sich Jesus mit den Zwölfen dazu« (Vers 17), sie bleiben also beim gemeinsamen Mahl dabei. So schön die Abendmahlsdarstellung von Leonardo da Vinci ist, wir müssen uns von ihr verabschieden: So wenig es historisch korrekt ist, dass die Gruppe auf Stühlen saß, so wenig ist es richtig, dass nur 13 Männer in diesem Raum anwesend waren. Stattdessen müssen wir beginnen, uns hier neue Bilder vorzustellen: Zum einen lagen und saßen die Menschen auf Kissen auf dem Boden. Zum anderen aß hier gemeinsam eine bunt gemischte Gruppe aus Männern, Frauen und Kindern.
»In der jüdischen Tradition wird das Gemeinschaftsmahl religiös gestaltet. Der Familienvater oder die Leiterin einer Mahlzeit sprachen zu Beginn einen Brotsegen: ›Gepriesen seist du, Ewiger, unser Gott, König der Welt, der hervorbringt Brot aus der Erde.‹ Dann wird das Brot gebrochen, und alle bekommen ihr Stück. Dieser Segen heiligt alle Speisen auf dem Tisch. ... Nach dem Essen wird der Weinbecher ebenso gesegnet wie das Brot und herumgereicht. Die Gestaltung des Essens und der Gemeinschaft am Tisch geschieht also durch Gebete und symbolische Gesten, die Dank und Lob für Gott ausdrücken.«[22] Jesus zeigt sich in seiner Gestaltung des gemeinsamen Mahles als fest in seiner jüdischen Tradition verhaftet.
Zudem nimmt er »die Rolle des Familienvaters« ein. »Er spricht die Segensworte, wie es beim Gemeinschaftsmahl für jüdische Menschen selbstverständlich ist. Er teilt das Brot und fügt den Segensgebeten die Erinnerung an seinen Tod ein. Die Erinnerung soll wach bleiben als Quelle der Hoffnung auf das nahe Reich Gottes, ›bis er selbst kommt‹. Jesus kommt als Richter. Dann wird Gottes Gerechtigkeit die ganze Erde erreichen. So hofft die Erinnerungsgemeinschaft bei ihrem gemeinsamen Abendessen.«[23]
In der Schilderung des Markusevangeliums war Jesu Passamahl mit seinen Jüngerinnen und Jüngern ein Abschiedsmahl und zugleich ein Hoffnungsmahl. Am Ende des Mahls »priesen sie Gott mit einem Lied« (Mk 14,26).
Verse 18-21 legen nahe, dass (wie leider in vielen Jesusfilmen gezeigt) Jesus nicht unbedingt vorher wusste, wer ihn verraten würde, da er mit allen Anwesenden sein Brot in die Schüssel taucht. Der Verrat-Aspekt sollte an Gründonnerstag nicht gänzlich ausgeblendet werden, denn er bestimmt die traurige Stimmung dieses Abendessens.
In der markinischen Passionsgeschichte wird Jesus an zwei Stellen für das ihm bevorstehende Leiden gestärkt. Beim ersten Mal geschieht es für ihn selbst überraschend, aber sehr wohltuend: Am Anfang der markinischen Passionsgeschichte in Mk 14,3-9 stärkt eine namenlose Frau Jesus für sein drohendes Ster-

ben, indem sie ihn salbt und damit seinen Leib, sein Leben als unendlich kostbar wertschätzt. Beim zweiten Mal – hier in der gemeinsamen Mahlzeit – wird Jesus selber aktiv und sucht von sich aus die Stärkung durch die Gemeinschaft. Er ahnt, welch ein schwerer Weg noch vor ihm liegt – ein Weg, den er allein und in großer Einsamkeit gehen muss. An diesem Abend segnet er nicht nur die anderen, sondern auch sich selbst, spricht sich selbst den Segen Gottes zu, der größer ist als unsere menschliche Vernunft.
Und es gelingt ihm, aus diesem Mahl so viel Kraft zu ziehen, dass er singend mit den anderen das gemeinsame Essen beschließen kann. Das letzte Wort haben nicht Bitterkeit und Angst, sondern der Lobpreis Gottes.
An Gründonnerstag kann von der Geschichte des Abendmahls her versucht werden, den Lobpreis Gottes auch angesichts von Leid und drohender Verhaftung in den Vordergrund zu stellen. Weil dieses Abendmahl nicht nur das Ende, sondern auch ein Anfang war.
Jesus hat uns aufgetragen, es immer wieder miteinander zu feiern und dabei seines letzten Abendmahls zu gedenken. Immer wieder können wir die Einladung annehmen, die Jesus ausgesprochen hat, und an seinem Tisch zusammenkommen. In der Feier des Abendmahls erinnern wir daran, dass Gottes Gerechtigkeit kommen wird. Wir erinnern uns selbst daran, lassen diese Erinnerung in unseren Körpern und Sinnen wach werden.
Damit diese Erinnerung bewusst erlebt werden kann, ist es von enormer Bedeutung, nicht nur symbolisch Brot und Wein, Essen und Trinken zu teilen. In den frühen christlichen Gemeinden war das gemeinsame Mahl am Ende jeden Tages von enormer Bedeutung, um Gemeinschaft zu leben, Kinder und arme Familien »durchzufüttern« und die Hoffnung auf Gottes Liebe und Gerechtigkeit konkret erfahrbar zu machen und zu stärken. Deshalb gehört es zu Gründonnerstag, auch gemeinsam zu essen und sich zu stärken für das, was bevorsteht: die Kraft der Gemeinschaft zu erfahren, die für Schweres ermutigt.
Das Gespräch beim gemeinsamen Essen kann dabei zeitweise auch angeleitet werden: durch eine Phase stillen Essens, bei dem alle angeregt werden, über bestimmte Fragen nachzusinnen. Zwei Möglichkeiten:

1. Ich bitte Sie nun, einige Minuten still zu werden. Denken Sie an etwas Schweres, das Ihnen oder einer Ihnen lieben Person bevorsteht. Nehmen Sie ein Stück Brot in den Mund, kauen Sie es bedächtig und bedenken Sie dabei: Wie kann ich mich dafür stärken? – z.B. durch ein Gespräch mit Freunden, die Bitte um einen Besuch im Krankenhaus, eine Karte, die ich jemandem schreiben möchte.
2. Ich bitte Sie nun, einige Minuten still zu werden. Denken Sie an etwas Frohes, dem Sie oder eine Ihnen liebe Person entgegensieht. Nehmen Sie einen Schluck Wein in den Mund, schmecken Sie ihn bewusst und bedenken Sie dabei: Welche freudige Erwartung habe ich? Wie kann ich mich auf dieses

Frohe vorbereiten? Welchen Raum und welche Zeit brauche ich für die äußeren Vorbereitungen und meine innere Vorbereitung? Wäre es schön, die Freude mit anderen zu teilen? Wie könnte ich das Frohe ausklingen lassen, vielleicht mit anderen zusammen? Wen hätte ich da gern um mich?

Im Unterschied zum tieftraurigen Karfreitag hat der Gründonnerstag einen anderen Charakter, der zwischen Trauern und Hoffen liegt. Deshalb möchten wir die Trauer über den Verrat und den bevorstehenden Abschied Jesu von seinen Jüngerinnen und Jüngern mit der hoffnungsvollen Kraft verknüpfen, die darin liegt, dass diese gemeinsame Mahlzeit überhaupt stattfindet und dass der Abend mit dem Hallel, den in der Gruppe gesungenen Psalmen, ausklingt.

Irene Dannemann

20. Zur komplexen Darstellung von Jüngerinnen im Markusevangelium vgl. Irene Dannemann: Aus dem Rahmen fallen. Frauen im Markusevangelium. Eine feministische Re-Vision, Berlin 1996, 267-276.
21. Dorothee Sölle/Luise Schottroff: Jesus von Nazaret (dtv portrait), München 2000, 54.
22. A.a.O., 81f.
23. A.a.O., 87.

Zum Gottesdienst

Tischabendmahl

Erläuterungen zur Situation

In der Evangelischen Thomasgemeinde in Gießen ist es Tradition, an Gründonnerstag Tischabendmahl miteinander zu feiern. Seit zwei Jahren tun wir das im Kirchenraum. Die Räumlichkeit eignet sich sehr dafür, denn sie verfügt über Stühle, die um Tischgruppen gestellt werden können. Der Altar befindet sich auf einem kleinen Podest an der Kopfseite des Raumes. Die Tische werden in Hufeisenform gestellt, außen herum sitzen die Gäste. Der Altar schließt die offene Seite des Hufeisens.
Die meisten Gottesdienstbesucherinnen und -besucher kommen in schwarzen Kostümen und Anzügen. Die Atmosphäre ist feierlich und entspricht der überwiegend bürgerlichen Gottesdienstgemeinde.

Bislang war kein Sättigungsmahl beispielsweise mit grüner Soße wie in der Nachbargemeinde gewünscht. Daher liegt die gewählte Gottesdienstzeit um 20 Uhr außerhalb der regulären Essenszeit. Mein Ziel ist es, langfristig mit der Gemeinde um 18 Uhr Abendmahl zu feiern und miteinander zu essen.

Zum Ablauf

Die Liturgin trägt keinen Talar. Sie spricht und handelt vor dem Altar, innerhalb des aufgebauten Rechtecks von Tischen. Zusätzlich zur Organistin wird eine Instrumentalistin einbezogen. Ihre Klänge verbinden vor allem während des Mahls.

Begrüßung

Guten Abend, ich begrüße Sie herzlich zu diesem Tischabendmahl am Gründonnerstag. Wir wollen zusammen den Weg Jesu und seinen Abschied bedenken, gemeinsam feiern, wie er es getan hat, und uns stärken für das, was vor uns liegt.

Votum

Wir sind zusammen im Namen Gottes.
Gott führt aus Unterdrückung heraus.
Wir sind zusammen im Namen Jesu Christi,
der Traurige hoffen lässt, und
im Namen der Geistkraft, die den Tod überwindet.

Lied: »Kommt her, ihr seid geladen« (EG 213,1+3-4)

Eingangswort

»Warum unterscheidet sich diese Nacht von allen anderen Nächten?«, so fragt das jüngste Mitglied der Tischgesellschaft, wenn eine jüdische Familie Pesach feiert. Vieles ist anders als sonst. Gott wird mit Essen und Beten für die Befreiung aus der Sklaverei in Ägypten gedankt. Wir dürfen Gott mit dem jüdischen Volk loben, preisen und danken für die große Freiheit, die Gott aller Welt schenkt.

Psalmgebet nach Ps 111

preisen wollen wir

preisen wollen wir
DICH
aus ganzem Herzen

am horizont unserer sinne
lädst DU
sonne und mond, wasser und erde, tiere und pflanzen
zum fest

stärken wollen wir
DICH
mit allen Kräften

am horizont unserer taten
drängst DU
arme und reiche, starke und schwache, frauen und männer
zum recht

ehren wollen wir
DICH
auf allen Wegen

am horizont unseres denkens
machst DU
reden und schweigen, frage und antwort, gestern und heute
zum schatz

finden wollen wir
DICH
zu allen Zeiten

am horizont unseres lebens
führst DU
glaube und zweifel, freude und furcht, abschied und neubeginn
zum ziel

preisen wollen wir
DICH
aus ganzem Herzen

halleluja

Vera-Sabine Winkler

Musik

Lesung: Ex 12,1-14

LektorIn: Wir hören die Einsetzungsworte des Passafestes aus Ex 12,1-14.

Predigt

Lied: »Du hast zu deinem Abendmahl« (EG 224,1+3)

Nach der Melodie von EG 364; »Herr« sollte durch »Gott« ersetzt werden, der Text in Strophe 2 müsste überarbeitet werden.

Klage und Bitte um Erneuerung

Wir bekennen:
Was sich an Schrecklichem anbahnt, können wir manchmal nicht glauben. Warnungen schlagen wir aus. Wir tun so, als ob wir von nichts wüssten!
Auch manchen Moment vertun wir. Denken nicht daran, dass es vielleicht das letzte Mal ist, dass wir mit guten Freundinnen und Freunden beieinander sind. Wie schnell lassen wir jemanden im Stich oder verraten das, woran wir glauben. Schließlich sind wir auch von dir enttäuscht, Gott. Wir hätten manchmal mehr erwartet!
Wir bitten dich um dein Erbarmen und darum, dass du uns festigst.
Wir bitten darum, dass wir dich nicht aus den Augen verlieren!
Kyrie eleison ...

Beichtfrage: Bittet ihr Gott aufrichtig um Vergebung, so antwortet: Ja!
Antwort: Ja.

Zusage der Vergebung und Zuspruch

Gott rechnet eure Versäumnisse und Fehler nicht an. Deshalb könnt ihr neu anfangen. Im Namen Gottes vergebe ich euch eure Schuld und spreche euch Gottes Gnade und Liebe zu.
Lobt Gott, Ihr Seelen und was in euch ist! Vergesst nicht, was Gott euch Gutes getan hat. Er vergibt alle eure Fehler und Schwächen, sie heilt eure Gebrechen, erlöst euer Leben von Verderben und krönt euch mit Gnade und Barmherzigkeit. Gott macht euren Mund wieder fröhlich, dass ihr jung werdet, stark und frei wie ein Adler.
nach Ps 103,1-5

Lobpreis: Ehre sei Gott in der Höhe ...

Friedensgruß: Der Friede Gottes sei mit euch!
Antwort: Und mit deinem Geist!

Abendmahl

Präfation

Wir bereiten uns auf das Abendmahl vor, danken dir, Gott, und beten:
Du siehst das, was wir brauchen. Du hörst uns an.
Wir dürfen bei dir ablegen, was uns belastet. In deiner Gegenwart können wir aufatmen. Du gibst uns unsere Würde zurück und heilst unsere Zweifel. Du löst unsere Spannungen, so dass wir offen werden.

Du kommst uns entgegen und wir stimmen in den Gesang der Engel mit ein:
Heilig, heilig ...

Vaterunser

LiturgIn stellt sich hinter den Altar.

Segnung der Gaben

Gott, wir danken dir für Brot und Wein. Brot macht stark. Wein macht froh.
Gesegnet seien deine Gaben, an denen wir uns laben. Amen.
Kreuzzeichen über den Gaben.

Abendmahlsworte

Entweder nach Markus oder die in der Gemeinde üblichen Abendmahlsworte.
In der Nacht, als sie zusammen aßen,
nahm Jesus ein Brot,
sprach das Dankgebet und segnete es,
brach es ab und sagte:
Nehmt, dies ist mein Leib.

Dann nahm Jesus den Kelch,
dankte Gott im Gebet,
gab ihnen den Kelch,
und sie tranken alle daraus.

Jesus sagte: Das ist mein Blut des Bundes,
das für alle vergossen wird. Amen.

Einladung

Kommt, seht und schmeckt, wie freundlich Gott ist.
Jetzt ist Zeit zum Schmecken und Trinken, Reden und Schweigen.

Austeilung mit Friedensgruß

Das Brot wird in Körben vom Altar geholt und von den Gästen mit einem Wunsch für die Tischnachbarin oder den Tischnachbarn weitergereicht. Wein und Saft werden ebenfalls vom Altar genommen und von der Liturgin jeder Einzelnen oder jedem Einzelnen in den Becher gegossen. Getrunken wird gemeinsam, wenn alle etwas haben.
Ein liturgischer Trinkspruch könnte sein: »Dieser Kelch ist die Gemeinschaft mit dem Leben, Leiden und Auferstehen unseres Bruders Jesus Christus.«
Die Musik setzt ein, ein ruhiges Gespräch knüpft sich an. Auf den Tischen könnte nun auch ergänzend Pesto oder Quark in Schüsseln stehen, das man beides gut mit dem Brot essen könnte. Aus dem Abendmahl wird ein Sättigungsmahl.

Alternative: Feier des Abendmahls mit persönlichem Innehalten
Wenn das Brot (geschnittenes Fladenbrot) vom Altar geholt ist, könnte eine Stille eingeleitet werden. Beim Kauen des Brotes könnte das Aufnehmen der Wegzehrung konkreter bedacht werden (vgl. Anleitung zur Stille nach Dannemann auf S. 78f.).
Wenn der Wein ausgeschenkt ist, könnte eine freudige Erwartung schluckweise bedacht werden (vgl. Dannemann, zweite Möglichkeit).
Das Einsetzen von Musik ist dann das Zeichen für die Zeit des Teilens.
Brotscheiben könnten herumgereicht, Wein und Saft nachgegossen werden.
Der Austausch beginnt.

Musik

Dank- und Fürbittengebet

Gott, im gemeinsamen Essen und Trinken
haben wir uns heute an deinen Bund erinnert.
An deinen Bund mit deinem Volk
und an deine Verbindung zu uns,
die wir durch Jesus Christus haben.

Wir danken dir für unsere Gemeinschaft
und dafür, dass wir uns bei dir stärken durften.
Das Brot ist Wegzehrung. Es hilft uns, manches Schwere durchzustehen.
Aus dem Becher der Erlösung haben wir getrunken und
so einen Vorgeschmack auf das noch ausstehende Festmahl bei dir bekommen.
Wir danken dir, Gott, für Stärkung und Ausblick.
Wir bitten dich für uns, dass wir uns Ruhe und Zeit geben,
dass wir uns gegenseitig einladen und aufrichten.
Wir bitten dich für andere, für die, die klagen und greinen müssen.
Sei ihnen nah, wenn ihnen vielleicht Essen und Trinken vergangen sind.
Gott, lass uns alle immer wieder aufbrechen und
Wege vom Tod ins Leben finden. Amen.

Lied: »Kommt mit Gaben und Lobgesang« (EG 229,1-3)

Segen

Musik zum Ausklang

Predigt

Liebe Gemeinde, liebe Gäste!
Tischgemeinschaft. Gemeinsam miteinander essen und trinken – in unserer Gemeinde laden wir sechs Mal im Jahr zum gemeinsamen Mahl ein: am 1. Advent, zu Beginn eines neuen Jahres am 1. Januar, an Gründonnerstag, am Ostermorgen, beim Sommerfest und an Erntedank. Die Essen, zu denen immer viele Gemeindemitglieder kommen, markieren jeweils besondere Abschnitte im Kirchenjahr. Mit den gemeinsamen Mahlzeiten wollen wir als Gemeinde uns gemeinsam stärken, die Freude über die Ankunft Gottes und die Auferstehung Jesu Christi ausdrücken und Danke sagen für die gute Schöpfung Gottes. Gemeinsam essen – das ist immer ein kleines, freudiges, hoffnungsvolles Gemeindefest.
Das Abendmahl feiern wir öfter: alle vier Wochen im Gottesdienst und bei besonderen Fest- und Gedenktagen. Der Charakter des Abendmahls ist nachdenklicher und zeichenhafter. Manche Gottesdienstbesucherinnen empfinden das Abendmahl als förmlich und sehr ernst.
Heute feiern wir ein Tischabendmahl und verbinden beides: das feierliche und ernste Abendmahl und das miteinander Essen und Trinken. Mit unserer Tischgemeinschaft begehen wir voller Ernst und in mancher Traurigkeit, aber auch freudig und hoffnungsvoll den Gründonnerstag.
Ich lese dazu aus dem Markusevangelium Kapitel 14,12-26.

Mk 14,12-26

[12]Am ersten Tag des Festes der ungesäuerten Brote, an dem das Passalamm geschlachtet wurde, da sprachen die Jüngerinnen und Jünger zu Jesus: »Sage uns, wohin sollen wir gehen und Vorbereitungen treffen, damit du das Passamahl essen kannst?« [13]Da schickte Jesus zwei seiner Leute mit den Worten los: »Geht in die Stadt Jerusalem. Da wird euch eine Person begegnen, die trägt einen Krug mit Wasser. Folgt ihr [14]und wo sie hineingeht, da sagt zur Besitzerin oder zum Besitzer des Hauses: ›Der Lehrer fragt: Wo ist meine Unterkunft, wo ich mit meinen Jüngerinnen und Jüngern das Passamahl essen und feiern kann?‹ [15]Dann wird euch ein großes Zimmer im Obergeschoss gezeigt, das mit Kissen ausgelegt und vorbereitet ist. Dort sollt ihr die Vorbereitungen treffen.« [16]Die Jüngerinnen und Jünger gingen los, kamen in die Stadt und fanden alles so vor, wie Jesus es beschrieben hatte. So begannen sie, das Passamahl vorzubereiten. [17]Als es Abend geworden war, gesellte er sich mit den Zwölf zu den Jüngerinnen und Jüngern dazu, die das Passamahl vorbereitet hatten. [18]Während sie zu Tisch lagen und aßen, sagte Jesus: »Amen, wahrlich, ich sage euch: Einer von euch wird mich ausliefern – einer, der jetzt mit mir isst.« [19]Da wurden sie sehr traurig und fragten nacheinander: »Das werde doch nicht etwa ich tun?« [20]Aber Jesus sagte nur: »Einer von den Zwölf, der mit mir das Brot in die Schüssel taucht. [21]Das Menschenwesen[24] muss sterben, wie es geschrieben steht. Aber wehe dem Mann, der es ausliefert! Für den wäre es besser, er wäre nie geboren worden.«

[22]Als sie aßen, nahm Jesus ein Brot, sprach das Dankgebet und segnete es, brach es, gab es ihnen und sagte: »Nehmt, dies ist mein Leib.« [23]Dann nahm Jesus einen Kelch, dankte Gott im Gebet, gab ihnen den Kelch, und sie tranken alle daraus. [24]Jesus sprach weiter: »Das ist mein Blut des Bundes, das für alle vergossen wird. [25]Amen, wahrlich, ich sage euch: Ich werde nicht mehr von der Frucht des Weinstocks trinken bis zu jenem Tag, an dem ich es im Reich Gottes neu trinken werde.«

[26]Nachdem sie am Schluss des Passamahls Gott mit einem Lied gepriesen hatten, gingen sie hinaus zum Ölberg.

Übersetzung von Irene Dannemann

Abschied

Das Markusevangelium zeigt Jesus, wie er an seinem letzten Tag im Kreis seiner Jünger und Jüngerinnen offensichtlich prophetische Gaben beweist. Er kann vorhersagen, was geschehen wird. Der biblische Bericht deutet an, dass Jesus genau Bescheid weiß: Nicht nur darüber, wo und wie er das Passamahl feiern wird, sondern über alles Schreckliche, was in Jerusalem auf ihn zukommt: Verhaftung, Verurteilung, Folter und Tod. Und doch scheint alles noch normal.

Vorfreude

Die Menschen, die um Jesus herum sind, bereiten das Passafest vor, wie es sich gehört, wie es die jüdische Tradition gebietet. Sie finden einen geeigneten Raum, gereinigt, wie es die religiösen Vorschriften vorsehen, und mit Kissen zum Anlehnen versehen. Auch eine Waschschüssel zum Händewaschen steht schon bereit. Nun können sie das Essen sorgsam vorbereiten: Jemand hat ein frisch geschlachtetes Lamm besorgt – dazu ungesäuerte, frisch gebackene Brote, Mazzen. Sie stellen den Sedertisch auf und richten darauf das Passamahl an: eine Erdfrucht, Salzwasser, Bitterkräuter, die Schüssel mit Chassoreth – einer Apfel-Feigenmischung –, ein Ei, ein Teller mit Fleischknochen. Dies alles erinnert an die Sklaverei in Ägypten und an den Auszug aus Ägypten. An Passa gedenkt Israel der Unterdrückung und des Todes – und gleichzeitig der gnädigen Befreiung aus der Knechtschaft. Wein und Mazzen versprechen Gottes Erbarmen, das Mahl und seine verschiedenen Elemente schenken Hoffnung und machen Mut zu neuem Leben. Wein und Brot verdeutlichen die Befreiung und Süße des Lebens.
An diesem Abend kommt Jesus mit den Zwölf zum Mahl und feiert mit den vorausgeschickten Jüngerinnen und Jüngern das große Fest.

Schlimmste Befürchtungen werden wahr ...

Freude und Verrat – als alle beim Essen sind, spricht Jesus den Verdacht aus, dass jemand aus der Runde ihn verraten und den Machthabern ausliefern wird. »Einer, der jetzt mit mir isst«, wird es tun. Das ist, als ob benachbarte, gut befreundete Ehepaare miteinander feiern und sich nach einiger Zeit herausstellt, dass die eine Nachbarin mit dem anderen Nachbarn ins Bett geht. Das ist, wie wenn Geschäftspartner sich zum Essen einladen und freundlich miteinander tun, aber der eine den anderen über den Tisch zieht, um ihn in den Ruin zu treiben. Der Verrat besteht nicht in Lüge, sondern im Hintergehen und im Vertrauensbruch.
Die Reaktion der Anwesenden ist verständlich. Sie sind traurig und bestürzt, fragen sich aber selbstkritisch, ob sie dazu fähig wären? Jeder kann zum Verräter der Menschlichkeit, jede zur Kollaborateurin mit gottesfeindlichen Mächten werden. Jesus stellt niemanden zur Rede. Es gibt kein Verhör, kein Ausschlussverfahren – man isst gemeinsam weiter. Aber Jesus spricht ein scharfes Wort, er lässt einen vernichtenden Weheruf hören. Wie ein Fluch lastet der Satz auf dem möglichen Täter: »Wehe dem Mann, der das Menschenwesen ausliefert. Für den wäre es besser, er wäre nie geboren!« Ich stelle mir vor, wie sie alle zusammenzucken, betroffen unter sich schauen. Doch noch bleiben sie beieinander. Wenn während eines Essens deutliche Worte gesprochen werden, Lügen aufgedeckt werden oder Unangenehmes angesprochen wird, herrscht meistens einen Moment lang unbehagliches Schweigen. Betreten wird weitergegessen –

und man hofft auf das nächste, unbefangene Wort. Jesus unterbricht die Beklommenheit und übernimmt es, die Segensworte über Brot und Wein zu sprechen, wie es für das jüdische Gemeinschaftsmahl üblich ist. Und alle nehmen daran teil. Niemand geht. Noch ist die Gemeinschaft stärker als der Verrat.

Der Bund Jesu mit allen

Jesus gibt das Brot und den Wein weiter, er teilt mit seinen Freunden und Freundinnen ganz handfest die Gaben des Mahles und symbolisch sein Schicksal und sein Leben. Jesus gibt das Brot: »Nehmt, dies ist mein Leib.« Wer diese Stärkung zu sich nimmt, muss keinen Hunger leiden und kann die Ängste und Trauer überwinden. Und Jesus reicht den Kelch, »Das ist mein Blut des Bundes, das für alle vergossen wird.« Jesus schließt einen Bund, wie Gott einen Bund mit seinem Volk Israel nach der Befreiung aus Ägypten geschlossen hat. Jesus wendet sich an alle Menschen, an die ganze Welt. Wer mit ihm teilt, darf mitfeiern beim Erinnerungsmahl an die Befreiung aus der Sklaverei, erhält Anteil am gerechten Leben. Jesus sagt allen Menschen die Nähe Gottes zu und macht sie alle zu Geschwistern. Diese Verbindung zwischen Gott und den Menschen gibt jeder und jedem Einzelnen Kraft und Mut. So verbindet Jesus die ganze Welt miteinander und mit dem Gott Israels.

Freude am Erinnern

Nach Jesu Tod halten seine Freunde und Freundinnen die Verbindung zu ihm aufrecht. Sie verbinden die Segensgebete über Brot und Wein mit der Erinnerung an seinen Tod und seine Auferweckung. Miteinander essen und trinken stärkt den Geist ihrer Gemeinschaft. Das Abendmahl bringt die christliche Gemeinde im Sinne Jesu zusammen und zeigt die Freiheit, in die Gott uns und alle leiten will.

Meine Erfahrung mit Tischgemeinschaft ist: Es tut gut, mit Freunden und Freundinnen das durchzukauen, was uns im Leben gegeben und genommen wird. Essen erhält am Leben – in Gemeinschaft eröffnet es eine bessere Zukunft. Feste wie Passa und das Abendmahl führen Jüdinnen und Juden sowie Christinnen und Christen auf den Weg der Freiheit.

Am Schluss seines letzten Abendmahls blickt Jesus auf das Reich Gottes, das so nahe liegt. Und er sieht den Tag kommen, an dem er wieder Wein mit seinen Freunden und Freundinnen trinken wird, neu im Reiche Gottes. Doch noch ist es nicht so weit. Am Ende des Sederabends erklingen trotzdem das Hallel, tröstende Worte, hoffnungsfrohe Lieder und Gebete aus den Psalmen. Sie verweisen auf die Zukunft.

Gottes Bund hält fest

Wir feiern Tischgemeinschaft und erinnern an Jesu Schicksal. Seine Worte geben uns Gewissheit, dass Gott bei uns bleibt. Gott geht mit uns Menschen zusammen, verbindet und verbündet sich mit uns: in Angst und Leid, in Freude und Hoffnung. Gottes Bund hält fest.
Körperlich ist Gott uns nah, in Essen und Trinken, im Erinnern der Geschichte, in der Gemeinschaft am Tisch mit Freundinnen und Freunden. Gott übersteht mit uns das Schlimmste. Gott verspricht uns ein Leben in Gerechtigkeit und Seligkeit und öffnet uns den Ausblick auf die große Freiheit. So können wir Kraft schöpfen und uns einem anderen, einem besseren Leben zuwenden. Amen.

Barbara Görich-Reinel

24. Das Menschenwesen/»the human one«, traditionell »der Menschensohn«: So wird mit Bezug auf das Buch Daniel (Dan 7, insbesondere 7,9-14) eine mythische Gestalt bezeichnet, die sich von den als Monstern beschriebenen grausamen Herrschern und von Gott darin unterscheidet, dass sie menschlich ist. Im Zusammenhang des Markusevangeliums wird offen gelassen, ob sich Jesus mit diesem Wort selbst bezeichnet oder eine richterliche erlösende Gestalt, die noch kommen wird und die er erwartet.

Karfreitag
Das Buch Jesaja (52,13-15) 53,1-12

Jürgen Ebach und
Magdalene L. Frettlöh

Zum Text

Am Beginn eine Erinnerung – auf ihre Weise ein Beitrag zur Geschichte »unseres« Textes: Vor etlichen Jahren war ein bedeutender israelischer Historiker der biblischen Zeit in meiner Fakultät zu Gast. Kurz zuvor waren in Israel Tongefäße mit Zeichnungen ausgegraben worden, deren Beischrift die dargestellten Figuren als *Jhwh*, den Gott Israels, sowie Aschera als seine Begleiterin in Szene setzte. Eine archäologische Sensation und eine theologische Irritation! Ein Bild des Gottes Israels in enger Verbindung mit einer Göttin. Monotheismus und Bildlosigkeit – zwei vermeintlich unerschütterliche Säulen biblischer Theologie gerieten ins Wanken. Unseren Gast vergnügte das sichtlich. So sprach er im Blick auf jene Göttinnenfigur von »Missis Yahveh« und freute sich am religiösen Tabubruch. Wie immer ich Sache und Wortwahl empfand – der Kollege schien mir der Inbegriff eines jüdisch-israelischen Freigeistes. Am Abend gab es einen kleinen Empfang für unseren Gast. Dabei überreichte ihm ein christlicher Fachkollege einen eigenen neueren Aufsatz und deutete an, um welchen Bibeltext es da gehe. Nun geschah etwas Eigentümliches. Der solchermaßen Beschenkte, der mir kurz zuvor als fast agnostischer Spötter erschien, wollte einen Aufsatz über diesen Text am liebsten gar nicht in die Hand nehmen. Er wand sich, verschränkte hilflos=demonstrativ die Hände auf dem Rücken, wie wenn er eine Giftspinne anfassen oder eine übel riechende Kröte in die Tasche stecken sollte. Der Aufsatz hatte Jes 52,13-53,12 zum Thema, »unseren« Text also. Es sind Worte der hebräischen, der jüdischen Bibel, Worte freilich, die Christen seit alters und bis heute für sich vereinnahmt, die sie christlich getauft und so sehr dem Judentum entwunden haben, dass es Jüdinnen und Juden nicht verwinden können und deshalb lieber einen Bogen um einen eigenen, eigensten Text machen, als ihn ein weiteres Mal als einen christlichen vorgeführt zu bekommen.

Wann immer ich diesem Bibeltext begegne, kommt mir die Szene in den Sinn. Auch deshalb kann ich ihn nur in Anführungszeichen als »unseren« Text bezeichnen. So war es auch, als ich für »der gottesdienst. Liturgische Texte in gerechter Sprache. Band 4, Die Lesungen« eine neue Verdeutschung versuchte. Im gottesdienstlichen Gebrauch scheint hier (und in den anderen so genannten »Gottesknechtliedern« im Jesajabuch [Jes 42,1-4; 49,1-6; 50,4-9]) wie selbstverständlich vom leidenden und gekreuzigten Heiland die Rede zu sein; der »Gottesknecht« *ist* Christus. Die Geschichte der Enterbung Israels ist nicht ungeschehen zu machen, sie ist wenigstens nicht fortzusetzen. Das wurde zu dem einen Gesichtspunkt dieser Verdeutschung neben und mit dem anderen, dem Bestreben Erfahrungen von Frauen in der Übersetzung nicht unsichtbar zu machen. In beiderlei Hinsicht geht es darum, das auszudrücken, was in Jes 52f. selbst bezeichnet ist. All das erfordert große Aufmerksamkeit für den Schlüsselbegriff dieses und der verwandten Texte, die Rede vom *äväd Jhwh*, vom – so übersetzt man hier in aller Regel *äväd* – »Knecht« der mit ihrem Eigennamen genannten Gottheit Israels. Die Frage, welche Gestalt im Jesajabuch mit jenem »Knecht Adonajs« gemeint sei, hat Exegetengenerationen beschäftigt.[25] Ist es eine einzelne Person – ein kranker Toralehrer, der Prophet selbst oder eine königlich-messianische Gestalt – oder ist es eine kollektive Figur – das Volk Israel? Im Blick auf Jes 52f. lässt sich das kaum eindeutig klären; in Jes 41,8f. ist jedoch deutlich das Volk Israel als »Gottesknecht« ins Bild gesetzt. Diese Perspektive leitet die jüdische Auslegung auch für Jes 52f. Die Wiedergabe der üblicherweise mit »mein Knecht« wiedergegebenen Wendung in Jes 52,13 mit »die Gestalt, die mir aufrecht dient« soll diese Verstehensmöglichkeit als eine zumindest mögliche erkennbar machen. Die Gestalt kann ein einzelner Mensch sein, aber auch Israel als Ganzes kann diese Gestalt annehmen.

Dieser sprachliche Einsatz verändert den Leit- und den Leid-Ton der ganzen Passage. Hat die individuelle, zudem männliche Fokussierung auf *den* Knecht die christologische Perspektive des Jesajatextes (vollends am Karfreitag) monopolisiert und enggeführt, so öffnet die nicht allein maskuline Rede von der Gott aufrecht dienenden Gestalt die Worte und die Bilder, die sie wachrufen, für mehr als *eine* Sicht. Jene neu oder wieder eröffneten Perspektiven können einer christologischen Lektüre von Jes 52f. an die Seite gestellt, sie können aber in diese Lektüre auch einbegriffen werden. Es geht dabei nicht um die *eine richtige*, wohl aber die *besondere christliche* Perspektive. Jesus war nicht der einzige Gekreuzigte. Er wurde als jüdischer Rebell ans Kreuz geschlagen wie viele Aufständische. Als Crassus 71 v.Chr. den Spartakusaufstand niederschlug, säumte er die fast 200 km der Via Appia von Rom bis Capua mit 6000 Gekreuzigten! Und die Passionsgeschichten unserer Zeit? Er habe »jüdische Kinder gesehen, die mehr leiden mussten als Jesus«. Das schleuderte der junge Journalist Elie Wiesel dem frommen Katholiken François Mauriac entgegen, der in allem Leiden nur das Leiden Christi sah.[26] Mit diesem Satz begann das Schreiben des späteren Nobelpreisträgers. Eine Karfreitagspredigt, die diese Kreuze und dieses Leiden von Frauen und Männern nennt, hört nicht auf eine christliche Karfreitagspredigt zu sein, sie fängt womöglich an eine zu sein.

Wenn der Texteinsatz in der Verdeutschung nicht *»meinen Knecht«*, sondern *»die Gestalt, die mir aufrecht dient«* vorstellt, ändert sich in den folgenden Bezügen nicht nur die Grammatik. Denn wenn dann in immer neuen Wendungen und Bildern von »ihr« (der Gestalt) die Rede ist (statt von dem *einen* »er«), werden die Worte und Bilder transparent auf vielfache Erfahrungen von Leiden und Stellvertretung – allemale nicht nur von Männern. Israelperspektive und Frauenperspektive fallen dabei nicht in eins, doch sie können zusammenkommen, sich auch wieder trennen und je ihre eigenen Klang-Farben ins Sehen und Hören der Wort-Bilder des Textes einbringen.

»Sie ist um unserer Missetat willen verwundet / und um unserer Sünden willen zerschlagen.« Gezielt so verändert (*sie* statt *er*) steht Jes 53,5 in den Worten der Lutherbibel als Motto über dem Hagar-Kapitel in Phyllis Tribles Buch »Mein Gott, warum hast du mich vergessen. Frauenschicksale im Alten Testament«.[27] Unter dieser Überschrift gelesen, gewinnt Hagars Geschichte ganz neue Perspektiven. Was sich auf den ersten Blick als effektvolle Verfremdung eines Jesajaverses ausmacht, kann (liest man in Jes 52f. nicht nur von einem *»er«*) als Dimension des Jesajatextes selbst sichtbar werden.

Auch in weiterer Hinsicht könnte das Aufbrechen der allzu vertrauten Gleichung Gottesknecht = Jesus Christus den Text öffnen. Welche Bilder ruft etwa Jes 52,14 hervor?
»Wie viele haben sich über sie entsetzt –
so entstellt vor den Menschen sah sie aus,
kaum noch menschenähnlich war ihr Anblick.«
Diese Verdeutschung verstellt den Blick auf Golgatha nicht. Doch sie bleibt offen für andere Bilder, Bilder geschundener und gequälter Menschen, Frauen und Männer, Bilder aus den KZs, in denen die Vernichtung der Menschenwürde und des Menschenantlitzes das Ziel schon vor der Auslöschung des nackten Lebens war. In einer solchen Gestalt das Antlitz des Menschen und in ihm das Antlitz Gottes zu sehen ist die Botschaft des Textes und der Grund aller Menschlichkeit.
»Sie hatte kein Ansehen und keine Ausstrahlung,
dass wir auf sie geachtet hätten.
Da war kein Anblick, den wir begehrt hätten.« (Jes 53,2)
Welche Bilder rufen diese Worte hervor – in einer Zeit, in der Image, Charisma, Attraktivität, Werbewirksamkeit und Einschaltquoten alles sind? Welche Gestalt kann, darf, soll Leben haben? Auch das ist eine Frage, die der Text freisetzt, auch das kann zu einer Karfreitagsfrage werden. Immer stärker z.B. wird der

Druck auf werdende Eltern, ein vermutlich behindertes Kind gar nicht erst zum Leben zu bringen ...

Aber dann auch dies: So sehr Leiden als Dimension des Lebens anzunehmen ist, so wenig darf doch Leiden als solches verherrlicht werden. Christliche Leidensverherrlichung diente auch dazu, die Geringschätzung, Beschädigung und Vernichtung des Lebens von Menschen zu entwichtigen. »Unser« Text endet nicht mit der Leidensverherrlichung, sondern mit der Aufrichtung der Leidenden zu Größe und Macht:
»Darum will ich ihr Anteil geben an den Großen,
mit Mächtigen soll sie Beute empfangen.« (Jes 53,12)
Macht ohne Triumphalismus und Reichtum ohne Selbstherrlichkeit. Selbst herrlich ist jene Gestalt, von der der Text redet, gerade nicht, vielmehr ist sie in mehr als einer Hör- und Sehweise die Gestalt, die Gott aufrecht dient. Gott dienen heißt die Herrschaft von Menschen über Menschen zu bestreiten. In diesem Sinne ist jeder »Gottes-Dienst« eine politisch-subversive Veranstaltung. Ein Karfreitagsgottesdienst, in dem dieser Jesajatext Gestalt bekommt, ist es allemale.

Jürgen Ebach

25. Zur exegetisch-theologischen Debatte vgl. Diethelm Michel/Hubert Frankemölle: Art. Gottesknecht, in: Neues Bibellexikon, Bd. 1, Zürich 1991, 932-936; Bernd Janowski: Er trug unsere Sünden. Jesaja 53 und die Dramatik der Stellvertretung, in: ZThK 90 (1993), 1-24.
26. Elie Wiesel: Alle Flüsse fließen ins Meer, Hamburg 1995, 365.
27. Phyllis Trible: Mein Gott, warum hast du mich vergessen. Frauenschicksale im Alten Testament, Gütersloh 1987, 25.

Zum Gottesdienst

»Ich ist eine Andere/ein Anderer«

Hermeneutisch-methodologische Vorbemerkung

Der folgende Gottesdienstentwurf versucht, die uns fast verloren gegangene Tradition der *Lehrpredigt* aufzunehmen. Ein Verstehen des Ereignisses von Karfreitag, allemal im Licht von Jes 52,13-53,12, bedarf der *Anstrengung des Begriffs* wie der *Anschaulichkeit der Bilder*, will es nicht zu religiösem Kitsch verkommen oder einer bloßen Wiederholung vorgeprägter soteriologischer (Lehr-/Leer-)Formeln das Wort reden. Mit dem Titel »Ich ist eine Andere/ein Anderer«

ist der Gottesdienst auf das christologisch-soteriologische (und erst in zweiter Linie anthropologisch-ethische) Motiv der *Stellvertretung*, das theologische Hauptmotiv von Jes 53, fokussiert und konfrontiert dieses mit unseren Selbstkonstituierungs- und Selbstbehauptungsanstrengungen. Von den beiden Übersetzungs-auf-brüchen der vertrauten Jesaja-Perikope (der »Gottesknecht« als »die Gestalt, die Gott aufrecht dient« zugunsten ihrer individuellen Identifikation auch als Frau und ihrer kollektiven Deutung auf Israel) steht der Israelbezug und damit die Deutung des Lebens und Sterbens Jesu, des Juden, im Vordergrund.

Musik zum Eingang

Eingangslied: »Herr, stärke mich, dein Leiden zu bedenken« (EG 91,1-5.8-9)

Begrüßung und Votum

adonaj/gott: *Es ist entweder adonaj oder gott zu lesen.*
»Verstehst du, was du liest?« Liebe Gemeinde, der, der so gefragt wird, brütet über jenem Kapitel des Propheten Jesaja, das heute im Zentrum unseres Gottesdienstes steht. Jenes Lied vom leidenden Gottesknecht, das wie kaum ein anderer biblischer Text unser Verständnis des Kreuzestodes Jesu geprägt hat: »Fürwahr, er trug unsere Krankheit und lud auf sich unsere Schmerzen ...« So klingen uns die Worte in der bekannten Übersetzung Martin Luthers im Ohr.
»Verstehst du, was du liest?« Nicht nur, dass uns etwas unbekannt und fremd ist, hindert uns am Verstehen. Nein, nicht selten ist es das allzu Bekannte, das Gewohnte und Vertraute, was unserem Verstehen im Wege steht. Gerade das Selbstverständliche kann sich als das Unverstandene erweisen.
»Gott, *stärke* mich, dein Leiden zu *bedenken* ...«, so haben wir eben gesungen. Das Geschehen des Karfreitags gibt zu denken und – weckt Bedenken. Und offenbar brauchen wir *Kraft*, um den Kreuzestod Jesu und was er für uns bedeutet zu durchdenken. Denn – auch das haben wir eben gesungen – der Gedanke daran lässt uns zagen und beben, wühlt uns auf. Denn hier, so lautet die Botschaft, ist etwas »für uns«, an unserer Stelle *und* uns zugute geschehen, etwas, das uns nicht kalt, nicht unbeteiligt lässt, ein Drama, bei dem wir nicht Zuschauer bleiben können, sondern Mitspielerinnen sind und allemal Nutznießer sein dürfen. Dies zu verstehen, ist anstrengend.
»Verstehst du, was du liest?« »Wie könnte ich denn, wenn niemand mich anleitet?«, fragt der äthiopische Minister zurück. Lassen wir uns zum Verstehen des alten Textes durch eine neue Übersetzung anleiten! Lassen wir die uns vertrau-

ten Blicke auf das Kreuz durch ein ungewohntes Bild vom Kreuz irritieren! Wo uns das Vertraute wieder fremd, ja befremdlich geworden ist, beginnen wir vielleicht neu zu verstehen – Gott und den Gekreuzigten und uns selbst.

So feiern wir diesen Gottesdienst
im Namen Gottes, des Vaters, der den Gerechten Leben und Zukunft verheißt,
im Namen des Sohnes, der diesem Gott vertraut und darum sein Leben für alle einsetzt,
und im Namen der Heiligen Geistkraft, die uns hilft, beide zu verstehen.
Unser Anfang und unsere Hilfe stehen im Namen adonais/gottes,
die Himmel und Erde gemacht hat,
die Wort und Treue hält ewiglich
und die nicht loslässt das Werk ihrer Hände.
Darum bringen wir zu Gott menschliche Not und menschliche Hoffnung.
Singend und betend bergen wir uns in Worten des 22. Psalms
und geben allen Bedrängten und Verlassenen,
allen Gequälten und zum Schweigen Gebrachten Sprache:

Psalmlied: »Mein Gott, mein Gott, warum verlässt du mich« (EG Ev.-ref. Kirche Psalm 22A, 1-6)

Gebet zu Ps 22

Gott, für immer ist der Verzweiflungsschrei
aus diesem Psalm
mit dem Sterben deines Sohnes verbunden.
Aber in seine Klage
hat sich auch der Schmerz
unzähliger anderer gemischt,
die allein und ausgeliefert fürchten,
auch du könntest sie verlassen haben.

Wir bitten dich, Gott, hör nicht weg,
auch wenn das Leid keine Stimme mehr hat,
sieh nicht weg,
auch wenn kein anderer das Leid mehr ansieht,
geh nicht weg
von den Orten des Jammers auf unserer Erde.
Halte aus,
woran wir zerbrachen.

Gott, unser Gott,
verlass uns nicht!
Sylvia Bukowski

Kyrie (EG 178.9)

Gemeinde.

Zuspruch

»Du rufst zu mir«, spricht Gott, »und ich erhöre dich.
Mit dir bin ich in der Bedrängnis.
Ich rette dich und gebe dir Gewicht.
Mit langem Leben sättige ich dich
und lass dich meine Hilfe schauen.«
nach Ps 91,15-16

Lesung: Jes 52,13-53,12

Mit Bildbetrachtung.
Wie der äthiopische Minister, so lesen auch wir das *Evangelium für heute* beim Propheten Jesaja. Es ist das vierte Lied vom Gottesknecht. Wir hören es in einer neuen Verdeutschung und mit Blick auf ein ungewohntes Kreuzesbild. Zu diesem vorab ein paar Hinweise:
Hartmut R. Berlinickes Bleiglasfenster »König der Juden«, 1985 entstanden und seit 1990 als Kapellenfenster im Lutherstift Falkenburg eingebaut, ist eine Zitatcollage voller Stellvertretungsmomente.

Am Kreuz hängt die menschenleere Häftlingskleidung der Konzentrationslager – nicht zuletzt ein Hinweis auf die Millionen Ermordeten, deren tote Leiber nicht einmal in einem Grab geborgen wurden. Darauf genäht die Häftlingsnummer des ANC-Führers Nelson Mandela. Als Überschrift das I.N.R.I der Karlsruher Kreuzigung von Mathias Grünewald. Dem Längsbalken des Kreuzes eingeschrieben ist der sog. »ökumenische« Grabstein von Wildeshausen in Oldenburg, wo der Künstler arbeitet. Dieser Grabstein von 1831 erinnert an den Einsatz eines Juden für die christliche Gemeinde vor Ort. Dahinter die älteste erhaltene Urkunde über die Vertreibung von Juden und Jüdinnen aus Deutschland, vom Johannistag 1350, ebenfalls aus Wildeshausen. Und: in der unteren Bildhälfte die Liste der 71 Mitglieder der dortigen Bekennenden Kirche. Hinter dem allen spannt sich das biblische Verheißungssymbol des Regenbogens auf.
Hören wir dazu die Erzählung von der Gestalt, die Gott aufrecht dient:

»Der König der Juden«, 1985, von Hartmut R. Berlinicke, © Hartmut R. Berlinicke, Bleiglasfenster 140 x 82 cm in der Laurentiuskapelle der Evang. Bildungsstätte Lutherstift, Falkenburg i.O.

Jes 52,13-53,12

[13]Schau, der Gestalt, die mir aufrecht dient, wird's gelingen,
sie wird hoch erhöht und sehr erhaben sein.
[14]Wie viele haben sich über sie entsetzt –
so entstellt vor den Menschen sah sie aus,
kaum noch menschenähnlich war ihr Anblick.
[15]Doch wird sie viele Völker verblüffen,
Könige werden ihren Mund vor ihr schließen.
Denn was ihnen nie erzählt wurde, sehen sie,
was sie nie gehört, nehmen sie wahr.

[1]Wer mag Vertrauen finden zu dem, was wir hörten,
an wem wurde der Arm adonais/gottes offenbar?
[2]Die Gestalt wuchs heran wie ein Keimling vor Gott,
wie eine Wurzel aus trockner Erde.
Sie hatte kein Ansehen und keine Ausstrahlung,

dass wir auf sie geachtet hätten.
Da war kein Anblick, den wir begehrt hätten.
3Verachtet und von Menschen gemieden war sie,
ein Mensch voller Schmerzen, vertraut der Krankheit,
wie wenn das Antlitz sich vor uns verbergen müsste,
so verschmäht, wir achteten diese Gestalt nicht.
4Doch in Wahrheit trug sie unsere Krankheiten,
und unsere Schmerzen lud sie auf sich.
Wir aber hielten sie für eine Geschlagene,
von Gott geschlagen und erniedrigt.
5Doch sie war durchbohrt um unserer Verbrechen willen,
geschlagen wegen unserer Verschuldungen.
Bestrafung lag auf ihr – uns zum Frieden,
durch ihre Wunden empfingen wir Heilung.
6Wir alle, wie Schafe liefen wir in die Irre,
ein jedes achtete nur auf seinen Weg,
doch adonai/gott ließ auf diese Gestalt herabkommen
unser aller Schuld.
7Gedrängt wurde sie, aber sie litt stumm,
öffnete nicht den Mund – wie ein Lamm,
das zur Schlachtbank gebracht wird, wie ein Mutterschaf,
das vor seinen Scherern verstummt
und seinen Mund nicht öffnet.
8Vor Bedrängnis und Gericht wurden diese Gestalt und ihre Zeitgenossen weggerafft,
aber wer hatte es überhaupt empfunden,
dass sie abgeschnitten war vom Land der Lebenden,
getroffen war von der Schuld ihres Volkes?
9Man gab ihr ein Grab bei Verbrechern,
bei Übeltäterinnen eine Grube,
obschon sie kein Unrecht getan hatte
und kein Trug in ihrem Munde war.
10Aber es war adonais/gottes Wille, sie zu zerschlagen.
Und doch heilte Gott diese Gestalt,
die ihre Kehle zum Schuldopfer gab.
Nachkommen wird sie sehen, wird lange leben.
Und was adonai/gott will, wird Gott mit eigener Hand vollenden.
11Aus der Qual ihres Lebens erlöst, wird sie Licht sehen,
sie wird satt werden in dieser Erkenntnis:
Die Gerechte, die Gestalt, die mir aufrecht dient,
wird gerecht sprechen die Vielen,

indem sie deren Schuld auf sich geladen hat.
12 Darum will ich ihr Anteil geben an den Großen,
mit Mächtigen soll sie Beute empfangen.
Darum, weil sie ihr Leben hingegeben hat in den Tod
und sich zu denen zählen ließ, die Verbrechen begehen.
Doch sie trug die Verfehlung der Vielen
und trat für die ein, die Verbrechen begehen.

Die Informationen zum Bild können auch – um deutende Sätze erweitert – an entsprechenden Stellen in die Lesung des Jesajatextes eingespielt werden, anstatt ihr vorauszugehen. Andererseits mag die Konfiguration für sich sprechen und je eigene Deutungen der GottesdienstbesucherInnen wecken.
Mit diesem prophetischen Text haben die Jüngerinnen und Jünger Jesu sein Leben und Sterben zu lesen und zu verstehen versucht. Dass Jesu Leiden nicht sinnlos, seine Niederlage kein Scheitern war und der Tod nicht das letzte Wort über sein Leben hatte, das begannen sie im Licht dieses und anderer Texte der hebräischen Bibel zu begreifen. Sie lernten Jesus von Nazareth als eine Gestalt wahrnehmen, die Gott aufrecht dient. Darum singen unsere Passionslieder nicht nur *Sterbenswörtchen*, sondern sind voller *Lebensworte*.

Predigtlied: »O Welt, sieh hier dein Leben« (EG 84,1-2.5.9-10)

Predigtskizze

Die Anmut des Messias Jesus und die Liebe Gottes und die Gemeinschaft der heiligen Geistkraft sei mit uns allen!

I. Ein Skandal ist es – dieses Wort vom Kreuz, Erregung öffentlichen Ärgernisses, ein Unding, ein Affront für den gesunden Menschenverstand! Daraus hat, liebe Gemeinde, das Neue Testament und allen voran der Apostel Paulus nie ein Hehl gemacht. Dass diese schändliche, grausame Hinrichtung Jesu ein, nein: *das* Heilsereignis für die Völkerwelt markieren soll, die Entlastung von allem, was Menschen bedrückt und beängstigt, was sie in die Knie zwingt und ihnen den Atem nimmt – das ist schier unglaublich. Dass ausgerechnet in diesem verfluchten Tod am Kreuz die Gewalt des Todes gebrochen und die Sünde, die uns immer wieder das tun lässt, was wir eigentlich nicht tun wollen, entmachtet ist – wer soll das begreifen?! Ein Tod, an dem sich der Tod zu Tode läuft?! Die Ermordung eines Unschuldigen, damit selbst Mörder von ihrer Schuldenlast nicht erdrückt werden?! Nimmt es da Wunder, dass wir uns das Kreuz handlich gemacht haben, dass wir es zum dekorativen Schmuck domestiziert haben in unseren Kirchen, unseren Klassenräumen, unseren Wohnstuben?! Wir hängen

uns das Kreuz um den Hals, um uns seine Botschaft gerade vom Hals zu halten.
Damit aber ist nicht nur die brutale Gewalttätigkeit, die aus der Kreuzigung spricht, sondern die *uns geltende Dramatik* dieses Geschehens ausgeblendet. Indem wir das Kreuz kleinkriegten, haben wir dem Wort vom Kreuz die Lebensmacht genommen.
Ein Gewaltakt an der Wiege des Christentums – das ist kaum werbewirksam und lässt eher Imageschäden befürchten. Aber vielleicht noch unangenehmer, ja unerträglicher mag uns sein, dass dieser Tod *für uns*, *an unserer Stelle* und *uns zugute* geschehen sein soll, mehr noch, dass er buchstäblich notwendig war, dass wir ihn bitter nötig hatten, dass wir darauf angewiesen sind, dass jemand für uns in die Bresche gesprungen ist, uns die Lasten abnimmt, die für uns unerträglich geworden und mit denen wir untragbar sind, unter denen wir nur zerbrechen können. »Für mich hätte der nicht sterben brauchen!« »Für den Mist, den ich gebaut habe, will ich selber geradestehen!« »Meine Schuld gehört mir, die will ich alleine tragen!« Es stört empfindlich unser Bedürfnis nach Unabhängigkeit und Autonomie, es widerspricht unserer Selbstbehauptung und unserem Drang nach Selbstverwirklichung, es kommt einer narzisstischen Kränkung gleich, wenn andere für uns eintreten, etwas an unserer Stelle tun. Was wir brauchen, wollen wir uns selbst verdienen und nicht geschenkt haben. Wenn wir schon nicht alles können, dann wollen wir doch wenigstens für unsere Schuld selbst einstehen. Es gibt auch einen Allmachtswahn des Schuldigsein-Wollens.
Lebensweltliche Beispiele für den Versuch, autonom und unabhängig zu leben, besonders dafür, mit dem eigenen Versagen allein zurechtkommen zu wollen, anführen.

II. Um annehmen zu können, dass jemand etwas für mich getan hat – etwas, das ich mir nur schenken lassen kann, für das ich nichts leisten brauche, muss ich erkannt haben, dass ich diese Stellvertretung brauche, dass ich selbst gar nicht in der Lage gewesen wäre, das zu tun, was mir eine Andere abgenommen hat, dass ich mich vergeblich abgemüht hätte und gescheitert wäre, wenn nicht jemand für mich eingetreten wäre ...
Die Menschen, die in unserem Predigttext zu Wort kommen – auch sie haben lange gebraucht, um zu begreifen, dass diese unansehnliche, verachtete, gemiedene und verschmähte Gestalt *für sie* all' das erlitt und ertrug ... Wem es so dreckig ging, wer so gequält und schmerzverzerrt war, so entstellt, dass man seinen Anblick nicht ertragen konnte, wer so elend verreckte und sich nicht einmal dagegen wehrte – der musste, daran hatten sie keinen Zweifel, von Gott selbst verlassen sein. Mehr noch: der hatte sich ganz offenbar eine Menge zuschulden kommen lassen, dass Gott ihn so strafte! Denn Gott konnten sie mit diesem Abschaum von einem Menschen nur als *strafenden* Gott zusammenbringen ...

Das Verkennen der Gestalt, die Gott aufrecht dient, und Gottes selbst aktuell illustrieren, dabei Zitate aus dem Predigttext einspielen …

III. »Wir alle, wie Schafe liefen wir in die Irre, ein jedes achtete nur auf seinen Weg …«
Die Menschen voneinander isolierende Selbstbezüglichkeit und Selbstsorge als Ursache für das Verkennen der Stellvertretung und damit als Irrweg beschreiben.

IV. »Doch in Wahrheit trug sie *unsere* Krankheiten, und *unsere* Schmerzen lud sie auf sich …« Sie haben sich geirrt in dieser Elendsgestalt und – in Gott, lange Zeit, haben beide gründlich verkannt, aber nun sehen sie klar, begreifen, was es wirklich auf sich hat mit diesem zu Tode gequälten Menschen und mit Gott und mit ihnen selbst. Was hat ihnen die Augen geöffnet zu diesem »doch in Wahrheit …«? Was hat sie neu sehen gelehrt? Und was sehen sie jetzt?
Es bedurfte der Erleuchtung von außen, dass sie das Drama dieses Todes als *life story*, als Lebensgeschichte, als ihre eigene Lebensgeschichte und in ihr die Lebensmacht Gottes erkennen konnten. Es musste ihnen gezeigt und gesagt werden, dass es sich anders, ganz anders verhält mit diesem Geschlagenen und Erniedrigten, als sie zu wissen glaubten. Mit den Augen Gottes lernen sie diese Gestalt, ihr Leben, ihr Leiden, ihren Tod sehen. Gottes Worten entnehmen sie Unerhörtes: wen sie von Gott verlassen und gestraft wähnten, zu dem bekennt sich Gott, richtet ihn auf, bringt ihn zu Ehren. Das verachtete, beschädigte, vernichtete Leben dieser Gestalt setzt Gott ins Recht und erklärt sie für gerecht! Die von Folter- und Todesqualen gezeichnete Gestalt heilt und erlöst Gott, sättigt sie mit Leben und Zukunft für immer. Und noch viel mehr: Gott achtet, anerkennt und würdigt das Leiden und Sterben dieser von Menschen Verachteten als stellvertretende Schuldübernahme und stellvertretende Lebenshingabe. Der isolierenden, einsam machenden, in die Irre führenden Selbstbezogenheit der Vielen steht in den Augen Gottes diese Gestalt gegenüber, deren Lebenshingabe ihrer aller Leben dient.
Aus dem Blick Gottes auf dieses Leben erkennen sie: Wir sind, ich bin die Andere. In ihrem Leiden spiegelte sich unser Elend; ihre Gerechtigkeit kommt uns zugute. Sie starb, damit wir leben … In ihrer Geschichte lässt uns Gott uns selbst erkennen: wer wir von uns aus *und* wer wir in den Augen Gottes sind!
Stellvertretungsmotive des Textes entsprechend aufnehmen und erläutern.

V. Liebe Gemeinde, ohne einen Text wie diesen von der Gestalt, die Gott aufrecht dient, gäbe es das Wort vom Kreuz nicht. Im Licht, das von diesem Text auf das Leben, Leiden und Sterben Jesu fällt, hat sein Kreuzestod heilvoll zu sprechen begonnen. Im Licht dieses Textes ist es Menschen aufgegangen, dass

nicht der Tod, sondern Gott das letzte, das entscheidende Wort über das Leben dieses Menschen spricht – ein Wort, das den Gekreuzigten und mit ihm uns alle nicht im Tod lässt. Unser Predigttext ist ein Lebensmittel. Es schmeckt nach Auferstehung.
Entfalten: Jesus lebt aus den Schriften, der Gekreuzigte lebt aus den Erzählungen von der Gestalt, die Gott aufrecht dient.

VI. Erzählen wir das Leben, Leiden und Sterben des Juden Jesus als Wiederholung der Geschichte von der Gestalt, die Gott aufrecht dient, dann hat das Wort vom Kreuz ausgedient, das Leiden zu verherrlichen und Menschen in die Opferrolle zu zwingen. Nicht das Leiden und der Tod, sondern die leidende und zu Tode gebrachte Gestalt wird von Gott erhöht. Wo ihre Passion als stellvertretende Lebenshingabe wahrgenommen wird, die in die Irre laufende Menschen zur Einsicht und zum Leben bringt, da braucht niemand diesen Weg zu wiederholen. Da ist etwas ein für alle Mal an unserer Stelle und uns zugute geschehen. Da sollen und dürfen wir leben – entlastet von Schuld und gerecht, frei von Leiden und misstrauisch gegenüber jeder Opferforderung im Namen dieses Gottes und des auferweckten Gekreuzigten.
Begründen: Deutung des Kreuzestodes Jesu als stellvertretende Schuldübernahme ist das Ende jeder Opferforderung im Namen Gottes.

Und doch: wer in unserer unerlösten Welt aufrecht dem Gott dienen will, der die unschuldig Leidenden und zu Tode Gequälten ins Recht setzt und ihnen Leben für immer versprochen hat, riskiert es, selbst nicht ungeschoren davonzukommen. Gott aufrecht zu dienen, ist nicht ungefährlich ...
Das Wort vom Kreuz macht uns hellhörig gegenüber jeder Glorifizierung des Leidens und des Todes *und* es macht uns bereit, unsere Begabungen, unsere Zeit, unsere Kraft, unsere Fantasie dafür einzusetzen, dass andere Menschen nicht um ihre Achtung und Würde, ihr Recht und ihr Leben gebracht werden.
In beidem: im Ein-für-alle-Mal des stellvertretenden Todes Jesu *und* im freiwilligen, leidenschaftlichen Einsatz unseres Lebens für eine Welt, in der kein Mensch und kein Geschöpf mehr gequält wird, ruft uns das Wort vom Kreuz aus den Toten ins Leben. Es stellt uns auf die Füße und stärkt uns den Rücken, damit auch wir Gott dienen können – aufrecht und frei von Menschenfurcht. Amen.

Lied: »Holz auf Jesu Schulter« (EG 97,1-6)

Dank, Lob und Bitte

Gott, du Gott des Lebens,
dich loben wir, denn du hast dem Tod nicht das letzte Wort gelassen,

dich ehren wir, denn du bringst Verachtete und Erniedrigte zu Ehren,
dir vertrauen wir, denn du setzt Gedemütigte und Bedrängte ins Recht,
auf dich hoffen wir, denn du machst Gequälte und Geschundene heil.

Gott, du Gott des Lebens,
dir danken wir für deinen Blick auf das Leben und den Tod Jesu,
deinen Blick, der ihn aufgerichtet hat und uns zurechtbringt,
deinen Blick, der uns in ihm Gerechtigkeit und Leben schenkt.
Lehre uns, mit deinen Augen sehen und das Leben achten.

Wehre unserem Missbrauch des Wortes vom Kreuz,
wandle unsere Opferbotschaften in Lebensworte.
Mache uns einsichtig für unsere Schuld,
empfänglich für deine Gerechtigkeit,
aufmerksam für die Not unserer Mitmenschen.
Lass' uns das Leben als Gabe feiern!

Alles, was unsere Welt braucht, erbitten wir von dir:

Vaterunser

Sendung und Segen

Stärkt die müden Hände
und macht fest die wankenden Knie,
sagt denen, die verzagten Herzens sind:
Fürchtet euch nicht!
Seht, euer Gott ist da,
sie kommt und wird euch helfen.
nach Jes 35,3

~~adonai~~/gott: *Es ist entweder »adonaj« oder »gott« zu lesen.*

~~adonai~~/gott segne dich und behüte dich;
~~adonai~~/gott lasse sein Angesicht leuchten über dir und sei dir gnädig;
~~adonai~~/gott erhebe ihr Angesicht über dir und gebe dir Frieden. Amen.

Magdalene L. Frettlöh

Ostern
Der erste Brief an die Gemeinde in Korinth 15,50-58

Claudia Janssen und
Ute Grümbel

Zum Text

1 Kor 15,50-58

[50]Das sage ich euch, Geschwister, Fleisch und Blut allein kann nicht teilhaben
an der Macht Gottes; auch die Zerstörung kann nicht teilhaben an der Leben-
digkeit Gottes. [51]Seht, ich sage euch ein Geheimnis: wir alle werden nicht ster-
ben, aber wir alle werden verändert werden,
[52]plötzlich,
in einem Augenzwinkern,
beim Schall der letzten Posaune.
Sie wird nämlich ertönen, und die Toten werden aufstehen als Lebendige, und
wir werden verändert. [53]Die, die gegenwärtig Zerstörung erleiden, sollen die
Lebendigkeit anziehen wie ein Kleid und die, die gegenwärtig dem Tod ausge-
liefert sind, sollen das Ende des Todes erfahren. Wenn die, die gegenwärtig
Zerstörung erleiden, Lebendigkeit angezogen haben und die, die gegenwärtig
dem Tod ausgeliefert sind, Unsterblichkeit, dann wird das Wort Wirklichkeit,
das geschrieben steht:
»Verschlungen ist der Tod in den Sieg hinein.
[55]Wo, Tod, ist dein Sieg?
Wo, Tod, ist deine Geißel?« [Jes 25,8; Hos 13,14.]
[56]Die Geißel des Todes ist die Sündenmacht, und die Sündenmacht bedient sich
zu ihrer Herrschaft des Wortes Gottes. Wir danken Gott für die Freundlichkeit,
die uns den Sieg gibt durch den, der uns lebendig macht, Jesus, der Messias.
[58]Deshalb, meine geliebten Geschwister, steht auf festem Boden, werdet nicht
unsicher, denn euer ganzes Leben lang könnt ihr überreich werden, weil ihr
Christi Werk tut. Ihr wisst ja, dass eure Anstrengung nicht vergeblich ist, weil
Christus euch trägt.[28]

Innerhalb der korinthischen Gemeinde gibt es einen Konflikt über die Frage der Auferstehung der Toten (Vers 12), in dem Paulus Stellung bezieht (Verse 1-19). Mit der Leugnung der Auferstehung steht für ihn der Glaube an den Gott Israels

und die Verheißung, die in der Schöpfung (Verse 36-44) und in der Geschichte Gottes mit den Menschen (Verse 45-49) liegt, auf dem Spiel. Die Basis für seine Ausführungen in den Versen 50-58 hat er bereits in den Versen 20ff. formuliert: Im Messias werden alle lebendig (Vers 22). Gott besiegt als letzten Feind den Tod (Verse 26-28). Ab Vers 50 beschreibt er die durch Gottes Auferweckungshandeln veränderte Wirklichkeit, die er *basileia* Gottes nennt, den Machtbereich Gottes. Wer hat Zugang zu ihr? »Fleisch und Blut« wie die »Zerstörung« (*fthora* – traditionell Vergänglichkeit) verweisen auf die auf die gegenwärtige soziale und gesellschaftliche Situation, nicht etwa auf einen körperlichen Zustand der Vergänglichkeit. In 1 Kor 6,9 hat Paulus bereits ausgeführt, dass »Ungerechte die *basileia* Gottes nicht erben«. In der Gegenwart liegt die Möglichkeit, durch den Glauben an Jesus als den Christus zu Kindern Gottes zu werden und damit zu Erbinnen und Erben (vgl. Röm 8,16f.; Gal 3,23-4,7). Diese Gegenwart und Zukunft in der *basileia* Gottes möchte Paulus allen Menschen eröffnen.
Die Einleitung: »Seht, ich sage euch ein Geheimnis« (Vers 51) eröffnet die Verkündigung über die Wirklichkeit Gottes. Was darauf folgt, ist als Beschreibung eines veränderten Sehens, einer Vision zu lesen. Die apokalyptischen Bilder zeichnen keine zeitlich ferne Zukunft.[29] Im Mittelpunkt stehen die Menschen, zu denen Paulus spricht: »*Wir alle* werden nicht entschlafen, aber *wir alle* werden verändert werden«.[30] Das Geheimnis beschreibt eine »andere« Wirklichkeit (vgl. Vers 19), ein Jenseits von Gewalt und Sterben, einen Ort, an dem der Tod besiegt ist und allen Lebensmöglichkeiten eröffnet werden: den Lebenden und den Toten. Das Geheimnis umfasst in den Worten des Paulus eine Hoffnung, die gegenwärtige Erfahrungen von Auferstehung und neuem Leben (vgl. Röm 6,4) einbezieht und in den Horizont der *basileia* Gottes stellt.
Der Zeitpunkt des Geschehens ist ein kaum fassbarer Moment: Jetzt! Plötzlich in einem Augenzwinkern kommt es (Vers 52). Im Erkennen des Geheimnisses rückt der Ablauf der Geschichte zusammen und mündet in einen Zeitpunkt, in dem das Schicksal der Lebenden mit dem der Gestorbenen verbunden ist, in dem sie nicht länger durch den Ablauf der Zeiten getrennt sind. Lebende und Tote werden verändert, das ist die Aussage, auf die es ihm ankommt: Tote haben kein gesondertes Schicksal, das sie für alle Zeit vom Leben Gottes abschneidet. Nicht nur die Lebenden werden in den Prozess der Auferweckung hineingenommen (vgl. Verse 42-44), nicht nur für sie eröffnen sich neue Lebensmöglichkeiten. In seine Menschheitsvision ist auch das Schicksal der Toten eingebunden: Sie werden auferweckt als Unvergängliche (Verse 52-53). Noch einmal wendet er sich damit gegen die Aussage, dass es eine Auferstehung der Toten nicht gebe. Denn diese schließt die Toten aus der Vision eines lebendigen Lebens aus und verweigert ihnen die Gerechtigkeit, die ihnen zukommt. Paulus fühlt sich der *basileia* Gottes nahe, er sieht, dass der Tod besiegt ist, die Zerstörung des Lebens durch Sündenmacht und Todesmacht – Mächte, die im Alltag der Menschen konkret zu

identifizieren sind – ein Ende hat. Gottes Sieg über den Tod, der in der Auferweckung Jesu Christi sichtbar geworden ist – so Paulus –, verändere die Lebensmöglichkeiten in der gegenwärtigen Existenz und verheiße Leben, das durch den Tod nicht begrenzt ist.

Im Singen des Siegesliedes (Verse 54-55) wird die Niederlage des Todes gegenwärtig. Paulus greift hier auf Traditionen aus dem Ersten Testament zurück (Jes 25,8; Hos 13,14). Ein Blick in deren Kontext zeigt, dass hier Zerstörung und Gewalt thematisiert werden, die die Armen und Schwachen durch feindliche Mächte erfahren, denen die Kraft Gottes gegenübergestellt wird. Von Paulus wird der Tod unter Bezugnahme auf die Schriftzitate in die Reihe dieser Mächte der Welt gestellt, der mit militärischer Macht zu siegen scheint und mit seiner Stachelpeitsche, dem Symbol brutaler Herrschermacht (Vers 55: *kentron*), die Menschen unter Kontrolle zu haben meint. Die Menschen, zu denen er spricht, können den Tod identifizieren, sie wissen, wer das *kentron* schwingt, wer über sie herrscht. Der Tod wird personifiziert, er ist der letzte Feind, neben anderen Feinden (Vers 26), er wird ansprechbar (Vokativ *thanate*). Verse 54-55 ist der Gesang derjenigen, die in der Wirklichkeit leben, in der »wir alle nicht sterben« (Vers 51).

Die Charakterisierung der Tora (*nomos*) als »Macht der Sünde« (Vers 56) wird an dieser Stelle unvermittelt in die Argumentation eingebracht. In 1 Kor hat Paulus bisher nicht davon gesprochen, dass die Tora von der *hamartia* (traditionell Sünde) instrumentalisiert werde. Allerdings gibt er eine Reihe von Stichworten, mit denen er an anderer Stelle sein Konzept breiter ausführt, es ist deshalb davon auszugehen, dass es auch hier im Hintergrund steht.[31] In Röm 7,7-25 zeigt er, dass die *hamartia* sich der zum Leben gegebenen Tora bedient, sie instrumentalisiert und missbraucht.[32] Die Unrechtszusammenhänge, in die die Menschen eingebunden sind, lassen es nach seiner Analyse nicht zu, dass sie nach der Tora leben können. Für ihn ändert diese Feststellung nichts daran, dass die Tora »heilig, gerecht und gut« (vgl. Röm 7,12) ist. Die Befreiung durch Gottes Handeln in Christi Auferweckung liegt für ihn darin, dass die Menschen aus der Macht der *hamartia* und des Todes nun dazu befreit sind, ihr Leben nach der Geistkraft und der Tora ausrichten zu können. Für die Überwindung des Todes durch den Kyrios Jesus Christus gilt der Dank Gott (Röm 7,25a – 1 Kor 15,57).

In Vers 58 richtet Paulus sich erneut an die Gemeinde und ermutigt sie, in der verwandelten Wirklichkeit zu leben und nicht zu resignieren. Dass die Gebote der Tora zu halten nun möglich ist, ist für ihn der Grund für den Zuspruch, dass alle Arbeit in der Gemeinde einen Sinn hat (vgl. 1 Kor 7,19). Die Verwandlung der Gegenwart setzt neue Kräfte frei. Die Gewissheit der Nähe der *basileia* Gottes und des Sieges über Tod und Sündenmacht geben der Arbeit für das Evangelium einen Sinn. Handeln ist möglich.

Claudia Janssen

28. Übersetzung von Claudia Janssen; angeregt durch eine Übersetzung von Luise Schottroff. Zur folgenden Auslegung des Textes vgl. auch Claudia Janssen: Eschatologie und Gegenwart. Die Körpertheologie des Paulus als Schlüssel für das Verständnis von Auferstehung (1 Kor 15), Habilitationsschrift (masch.), Marburg 2003.
29. Zur apokalyptischen Bildsprache in 1 Kor 15,51ff. vgl. Luzia Sutter Rehmann: Kämpfen und lebendig werden. Apokalyptische Motive in 1 Kor 15,51f., in: Claudia Janssen/Beate Wehn (Hg.): Wie Freiheit entsteht. Sozialgeschichtliche Bibelauslegungen, Gütersloh 1999, 93-101.
30. Hier wird vielfach in der Übersetzung ein nicht korrekter Bezug vorgenommen: »Wir werden nicht alle entschlafen« – die Verneinung ist jedoch nach griechischer Grammatik nicht auf pantes (alle), sondern auf das nachfolgende Verb »sterben« zu beziehen: Wir alle sterben nicht.
31. Vgl. Andreas Lindemann: Der erste Korintherbrief (HNT 9,1), Tübingen 2000, 371.
32. Zur Stelle vgl. Luise Schottroff: Die Schreckensherrschaft der Sünde und die Befreiung durch Christus nach dem Römerbrief des Paulus (1979), in: Dies.: Befreiungserfahrungen. Studien zur Sozialgeschichte des Neuen Testaments, München 1990, 57-72.

Zum Gottesdienst

L: LiturgInnen, Mitwirkende; P: PastorIn.
Alle, die am Gottesdienst teilnehmen, bekommen am Eingang kommentarlos einen zusammengefalteten Zettel mit der für den gesamten Gottesdienst zentralen Aussage aus dem Predigttext, 1 Kor 15,51:
»Seht, ich sage euch ein Geheimnis: Wir alle werden nicht sterben, aber wir alle werden verwandelt werden.«
Wie auch immer die Einzelnen darauf reagieren, was auch immer sie mit dem Zettel anfangen, sie sind von Anfang an beteiligt.

Spruch

L: Jesus Christus spricht: Ich bin die Auferstehung und das Leben. Wer lebt und an mich glaubt, wird niemals sterben. (Joh 11,25 i.A.)

Lied: »Christ ist erstanden« (EG 99)

Votum

P: Wir feiern Ostern, das Fest der Auferstehung, im Namen GOTTES: Quelle unseres Lebens – Grund unserer Hoffnung – Kraft, die uns bewegt. Amen.

Begrüßung

L: Willkommen zum Gottesdienst am Ostersonntag! Vielleicht haben Sie an diesem Morgen schon so manches Osterei gefunden. An der Kirchentür haben Sie einen Zettel in die Hand bekommen. Kein Osterei. Nur einen Satz. Ein Geheimnis. Zu Ostern!

Eingangsgebet

L1: Du GOTT des Lebens,
danke für Ostern, das Fest der Auferstehung und des Lebens!
L2: Jesus Christus ist nicht am Kreuz gescheitert,
du hast ihn auferweckt von den Toten.
Und auch wir sollen leben.
L1: Mit deinem Ja zu seinem Leben
hast du den Bann des Todes gebrochen.
Ein für alle Mal!
L2: Du GOTT des Lebens, wie ist das zu verstehen?!
Lass uns ein Licht aufgehen, dass uns
das Geheimnis von Ostern nicht verschlossen bleibt.
L1: Amen.
Anzünden der Osterkerze.

Kyrie

L: Zeitungsmeldungen
Drei bis vier aktuelle, kurze Meldungen, die die Frage nach Tod und Leben aufwerfen, werden von hinten gelesen = wir haben den Alltag »im Rücken«.
P: Vom Leben gezeichnet und vom Tod,
von Schönem umgeben und die Not vor Augen
rufen wir zu dir, GOTT:
Weck uns auf,
heute schon und eines Tages endgültig!
alle: »Kyrie, kyrie, kyrie eleison« (EG 178.14)

Wort der Verheißung

P: Ich weiß wohl, was ich für Gedanken über euch habe,
spricht GOTT:
Gedanken des Friedens und nicht des Leides,
dass ich euch Zukunft und Hoffnung gebe. (Jer 29,11)

Gloria

alle: Du Schöpfer des Lebens *(dreimal)*

Halleluja – Du Schöpfer des Lebens

Text: Jörg Zink
Melodie: Hans-Jürgen Hufeisen

aus: Der Singvogel. Das neue Gesangbuch, © Kreuz Verlag, Stuttgart 1997

Friedensgruß

P: »Friede sei mit dir!« Mit dem Friedensgruß wünschen wir einander den Frieden, den der auferstandene Christus seinen Jüngerinnen und Jüngern zusagt.

P und die anderen Mitwirkenden gehen ebenfalls auf andere zu.

Psalmgebet

L1: GOTT,
»Einst schien ich sicher in meinem Glück.
Ich glaubte mit beiden Füßen auf dem Boden zu stehen.

L2: Ja, du hattest mich wie auf einen Felsen gestellt.
Doch plötzlich warst du weg – – – ich bekam Todesangst.

L1: Ich schrie ›Hilfe!‹ – – – ›Gnade!‹
und meinte dich.

L2: Du hast meine Klage in ein Lied verwandelt.
Du hast mir die schwarzen Kleider ausgezogen.

L1: Du hast mir eine Freude gemacht.

Also singe ich
mit meinem Herzen: Alles singt für dich.«

L2: GOTT, mein GOTT,
in Ewigkeit will ich dir danken.

Übertragung von Ps 30 von Arnold Stadler

Gloria

Wiederholung:
Alle: Du Schöpfer des Lebens, halleluja. (dreimal)

Gedicht

L: Unvermutet

Du kommst
wie wir es nicht
vermuten

Wie ein Blitz
zuckst du auf
Wie ein Dieb
schleichst du dich ein

Kommst
als schmerzende Flamme
als sanftes Licht
oder als Hauch
der unsere Haut streift

Der Tag verliert
seine Gewöhnlichkeit

Theresia Hauser

Lied: »In dir ist Freude« (EG 398,1-2)

Lesung: Mk 16,1-8

L3: Als der Sabbat vergangen war, kauften Maria von Magdala, die Maria des Jakobus und Salome wohlriechende Öle, um zum Grab hinzugehen und Jesus zu salben. Sehr früh am Sonntag gehen sie zum Grab, als die Sonne gerade aufging. Da sagten sie zueinander:

L4/5/6: »Wer wird uns den Stein aus dem Eingang des Grabes wegwälzen?«

L3: Doch als sie aufschauten, sahen sie, dass der Stein schon weggewälzt war; Er war nämlich sehr groß. Und als sie ins Grab hineingingen, sahen sie auf der rechten Seite eine jünglingshafte Gestalt sitzen, die ein weißes Gewand trug. Da waren sie sehr entsetzt. Die Gestalt aber sagte zu ihnen:

L7: »Erschreckt nicht! Ihr sucht Jesus aus Nazareth, den Gekreuzigten. Er ist auferweckt worden, er ist nicht hier. Siehe den Ort, wo sie ihn hingelegt hatten. Nun aber geht hin, sagt seinen Jüngerinnen und Jüngern, auch dem Petrus, dass er euch nach Galiläa vorangeht; dort werdet ihr ihn sehen, wie er euch gesagt hat.«

L3: Und die Frauen gingen hinaus und flohen vor dem Grab; denn Zittern und Entsetzen hatte sie ergriffen. Und sie sagten niemandem etwas; denn sie fürchteten sich.

Übersetzung von Irene Dannemann

Stille (ca. 2 Min.)

Hallelujavers (EG 103,5)

alle: Nun bitten wir dich, Jesu Christ, / weil du vom Tod erstanden bist, / verleihe, was uns selig ist. / Halleluja.

Text: Michael Weiße 1531

Lesung des Predigttextes: 1 Kor 15,50-58

Der Predigttext wird nicht von der Predigerin bzw. dem Prediger, sondern von einer anderen Person gelesen, freistehend vor der Gemeinde, um etwas von der Unmittelbarkeit – den Briefcharakter – zu unterstreichen.

Predigt

Liebe Mitmenschen, – mit Paulus gesprochen: liebe Geschwister!
»Seht, ich sage euch ein Geheimnis!« – Kein Osterei, ein Geheimnis bekommen wir mit dem Predigttext in die Hand gelegt, schwarz auf weiß können wir es lesen: »Wir alle werden nicht sterben, aber wir alle werden verwandelt werden«. Was fangen wir, – Sie, ich – mit dem Geheimnis an?! An Ostern?!

Musik/Soloinstrument: Meditative Improvisation

»Wir alle werden nicht sterben, aber wir alle werden verwandelt werden«. Ein Geheimnis, nichts, was sich von selbst versteht. Nicht einfach zu schälen wie ein Osterei. Aber zu entdecken. »Seht«, sagt Paulus. Hinschauen sollen wir, uns einlassen auf eine Vision, die alles Gewohnte und Gedachte auf den Kopf stellt, – mit anderen Augen sehen lässt. »Wir alle«, sagt Paulus. Es geht um ein Geheimnis, das nicht elitäre Geheimniskrämerei ist, sondern mit allen geteilt werden will, die an Jesus, den Messias Gottes glauben. »Wir alle«, schreibt Paulus und meint damit nicht zuletzt auch die Zweifelnden, die mit der Auferstehung der Toten ihre Probleme haben (1 Kor 15,12ff.), – uns alle also. Wie aber lässt sich das Geheimnis verstehen?!

Wenn Sie Ihren Zettel nehmen: Sie können mit ihm alles Mögliche machen (P macht mit/vor ...), ihn zu einem Dreieck falten, zusammenknüllen, bemalen, bekleben, zerreißen – in mancherlei Hinsicht verändern. Verwandeln werden Sie ihn allerdings nicht, er bleibt, was er war: beschriebenes Papier. – Ein Bild für mehr und anderes:

1. Von Veränderung und Verwandlung

Auch mit uns selbst können wir alles Mögliche machen, wagen, tun. Und was wir tun oder lassen, ist fraglos von Bedeutung, lässt uns und die Welt anders aussehen ...
Ob wir und gegen was wir aufstehen, ob wir uns entfalten, innerlich lebendig bleiben, uns bewegen oder nicht von der Stelle kommen, es verändert das Leben! So sind Menschen – nicht zuletzt auch Frauen – immer wieder aufgestanden für das Leben vor dem Tod, haben sich nicht abgefunden, sind für Veränderung eingetreten, auch unter Einsatz ihres Lebens ... (von einer anderen Person ein konkretes Beispiel erzählen lassen) ... Keine Frage: Verändern und verändert werden hilft dem Leben auf die Beine (Marie Luise Kaschnitz: Manchmal stehen wir auf / Stehen wir zur Auferstehung auf / Mitten am Tag; vgl. Luzia Sutter Rehmann: Sich dem Leben in die Arme werfen ...) ... Es gibt die Auferstehung im Leben!
Aber verwandeln werden wir uns und die Welt nicht! Wir bleiben die, die wir »von Haus aus« sind: begabt und verstrickt, Menschen, die so viel auf die Beine stellen können und doch nichts und niemanden festhalten können, die sterben müssen und andere sterben sehen. (Dies als Gegenwort deutlich werden lassen, z.B. im Vergleich zu Werbesprüchen, die vormachen, das Leben wäre zu verwandeln in jung, gesund, schön, glücklich, reich ...)
Mit dem Geheimnis von Ostern aber geht es um Verwandlung im Sinne einer neuen Wirklichkeit, die uns geschenkt wird, nicht von uns zu leisten ist und

nicht zu kaufen. Um ein Geschehen, das an uns geschieht, nicht durch uns ... (»vorweggenommen in ein Haus aus Licht«, Marie Luise Kaschnitz; – Schöpfungs- und Geburtsmetaphern ...)
Beides: Auferstehung im Leben und Auferstehung von den Toten wirkt Gott. Mit Jesus von Nazareth, dem Christus Gottes, hat Gott das Ja des Lebens über Lebende und Tote ausgesprochen, unverlierbar und wirksam, allen Mächten der Zerstörung, der Sünde und des Todes entgegen (Taufritual ...).

2. Plötzlich, »in einem Augenzwinkern«

Plötzlich, unversehens, im Nu geschieht das Unvorstellbare, die Verwandlung. »Unvermutet« geschieht es, jetzt schon – und »der Tag verliert seine Gewöhnlichkeit« (Theresia Hauser – An dieser Stelle könnte die Gedichtzeile »Wie ein Blitz / zuckst du auf« näher entfaltet werden, von Gotteserfahrung mitten im Leben die Rede sein; – der Moment in seiner Gegenwärtigkeit transzendiert die Zeit). Und eines Tages geschieht Verwandlung endgültig »beim Schall der letzten Posaune« (vgl. auch G.-F.Händel/Messias: we shall all be changed in a moment, in the twinkling of an eye at the last trumpet«; – Weder im Leben der Einzelnen noch gesellschaftlich, noch weltweit, noch kosmisch gesehen, geht alles immer einfach weiter ... Endzeitszenarien in Film, Literatur, Malerei ... Wissenschaftstheorien) ...

3. Tod, wo ist deine Geißel

Verwandlung geschieht da, wo Lebende und Tote es mit Gottes Lebensmacht zu tun bekommen, rettend, befreiend, erlösend. Gott hält die Beziehung zu uns Menschen durch, auch an der Todesgrenze. Nichts an Leben geht verloren, und keine Liebesmüh' – in den eigenen vier Wänden und weltweit – ist vergeblich. »Verschlungen ist der Tod in den Sieg hinein«. Das feiern wir mit Ostern und der Auferweckung des Christus Jesus von den Toten. (Dagegen: Faszination und Schrecken des Todes: Terrorismus, Selbstmordanschläge ... Filmtitel: Sing mir das Lied vom Tod; Besucher-Rekorde im Zusammenhang Gunther von Hagens Ausstellung präparierter Leichen »Körperwelten«, vgl. seine Bezeichnung als »Mr. Tod«/Titelseite/Spiegel/Jan 3/2004 ... Christliche Auferstehungshoffnung als Gegenwort ... »Protestleute gegen den Tod«, Kurt Marti).
Das Geheimnis von Ostern, das Paulus uns weitergibt, singt Gottes Lob und verspottet den Tod, lässt ihm nicht das letzte Wort: »Wir alle werden nicht sterben«. Um Gottes Willen gilt das! Das Vorzeichen setzt damit nicht länger der Tod, sondern das Leben: unser Geborensein, nicht unsere Sterblichkeit!, und die in Christus Jesus begründete Hoffnung auf Auferstehung, Auferweckung, heute schon und eines Tages endgültig. Wir haben allen Grund, nichts und nie-

manden – auch die Toten nicht! – dem Tod zu überlassen: »Seht, ich sage euch ein Geheimnis: wir alle werden nicht sterben, aber wir alle werden verwandelt werden«. Das Geheimnis von Ostern ist ein Geschenk, ein Gottesgeschenk, das Verwandlung verheißt, Neuschöpfung über alles, was wir uns vorstellen und denken können, hinaus. In einem Lied von Huub Oosterhuis klingt das so: »Die Steppe wird blühen ..., eine Stimme wird rufen: ›Ich öffne Himmel und Erde und Abgrund.‹ Und wir werden hören und auferstehen und lachen und jauchzen und leben«! Das Geheimnis, das sich mit Ostern verbindet, müssen und können wir nicht lösen. Aber annehmen können wir es und einstimmen und damit leben. Amen.

Lied: »Die Steppe wird blühen«

Text: Huub Oosterhuis; Melodie: Antoine Oomen; z.B. abgedruckt in: Unterwegs. Lieder und Gebete, 2., korrigierte und erweiterte Auflage, Trier 1998.

Stille/Gebet

L: Lassen Sie uns gemeinsam beten. – Wer möchte, kann in der Stille nach vorne kommen und eine Kerze anzünden. Wir nehmen gemeinsam alles Gesagte und Nichtgesagte auf mit dem Kanon: Ausgang und Eingang, Anfang und Ende, liegen bei dir, Gott, füll du uns die Hände.

L1: GOTT, du Quelle des Lebens!
Als deine Menschen sind wir geboren und bei dir sind wir aufgehoben, die Lebenden und die Toten, in alle Ewigkeit. Wir danken dir, dass nicht der Tod uns erwartet, sondern du, Gott des Lebens! Lass uns deiner Lebensmacht trauen und deiner Wegweisung. Heute an Ostern bitten wir besonders ...
Aktuelle Anliegen nennen.

Stille (jeweils ca. 2 Min.)

Kanon: »Ausgang und Eingang« (EG 175)

L2: Jesus Christus, du Grund unserer Hoffnung!
Wir feiern Ostern, das Fest deiner Auferstehung. Wir danken dir, dass du uns mit deinem Leben und Sterben Gottes Liebe nahe gebracht hast. Lass uns in deiner Nachfolge leben und deinem Wort glauben, dass du uns trägst und nichts vergeblich ist, was wir in deinem Namen tun. Heute an Ostern bitten wir besonders ...
Aktuelle Anliegen nennen.

Stille

Kanon: Ausgang und Eingang

L: Heilige Geistkraft, dein Lebensatem erfüllt das All, wirkt Leben und Neuanfang. Wir danken dir für deine schöpferische Geistesgegenwart um uns und in uns. Schenk uns Lebensmut und Lebenskraft, aufzustehen und zu widerstehen, wo es Not tut. Tröste uns im Leben und im Sterben mit der Verheißung, dass du uns und all deine Geschöpfe verwandeln wirst. Heute an Ostern bitten wir besonders ...
Aktuelle Anliegen nennen.

Stille

Kanon: Ausgang und Eingang

Segen

GOTT segne dich und GOTT behüte dich.
GOTT lasse ihr Angesicht über dir leuchten
und sei dir gnädig.
GOTT hebe sein Angesicht auf zu dir
und schenke dir und aller Welt Frieden. Amen.

Ute Grümbel

Pfingsten
Das Buch der Sprichwörter 8,22-31

Angela Standhartinger und
Heidi Rosenstock

Zum Text

Die Weisheit und ihre Gerechten
Zum Hintergrund von Kol 1,13-20

Bald nach Ostern begannen die Osterzeuginnen und Osterzeugen darüber nachzudenken, wer Jesus war und nach der Auferstehung ist. Dazu studierten sie die heiligen Schriften und diskutierten auch die Tradition von der himmlischen Weisheit Gottes. Zunächst wurde Jesus vermutlich als Bote der Weisheit verstanden (Lk^{Q} 7,35; 11,49), sehr bald aber als die himmlische Weisheit selbst. Wer oder was aber ist die himmlische Weisheit?

In Spr 10-31 sind weisheitliche Lebensregeln gesammelt. Es handelt sich um Erfahrungswissen, das helfen soll, sich in der Welt zu orientieren und in ihr bestehen: »Wer andern eine Grube gräbt, fällt selbst hinein« (Spr 26,27). Erfahrung lehrte jedoch bald, dass dieser Tat-Folge-Zusammenhang sehr oft gestört ist. Es fallen eben doch nicht gerade die in die Grube, die sie den anderen gegraben haben. Wie aber kann diese ungerechte Weltordnung gute Schöpfung Gottes sein?

Auf diese Frage wurden in Israel verschiedene Antworten gefunden. Die wichtigste Entdeckung dabei war, dass Gottes Weisheit größer und höher ist als alle menschliche Einsicht. Sie ist so tief verborgen, dass nur Gott den Weg zu ihr kennt (Ijob 28; Bar 3,15-36). Mit dieser Einsicht war das Nachdenken allerdings keineswegs beendet. Vielmehr wurde weiter nach dem Wesen der Weisheit gefragt. Vor allem Anfang der Welt ist die Weisheit geschaffen worden und seither ist sie Gottes Begleiterin. Der Begriff Weisheit, hebräisch: hokmah, griechisch sophia (beides Feminina), wurde zu einer Person. Dabei standen Göttinnen Patin, die bei den Völkern verehrt wurden, unter denen Israel seit dem babylonischen Exil und in der hellenistischen und römischen Zeit lebte. Die überall berühmte Isis sagt z.B.: »Ich bin des Kronos älteste Tochter ... Ich bin es, die bei den Frauen Göttin genannt wird ... Ich habe die Erde vom Himmel geschieden. Ich habe den Sternen die Wege gezeigt. Ich habe den Gang der Sonne und des Mondes geordnet ... Ich habe das Recht stark gemacht ...«[33] Der

Lobpreis der Weisheit (Sophia) Gottes als eigenständige Person war auch eine Antwort auf die Herausforderung, die sich für Israel aus dem Leben in der griechisch-römischen Welt ergab.
Wenn Sophia Gottes älteste Tochter und Begleiterin aller Schöpfungswerke war, wie konnten Menschen zu ihr gelangen? Auf diese Frage wurden ganz unterschiedliche Antworten gefunden. Die erste Antwort lautete: Die Weisheit ist menschenfreundlich, sie offenbart sich freigebig mitten im Leben der Menschen (Spr 1,20-31; 3,13-26; 8,1-36). Diese Antwort erklärt allerdings nicht, warum es Ungerechtigkeit auf der Welt gibt. Daher warnt z.B. Spr 9 vor Frau Torheit. Eine zweite Antwort erzählt, wie die Weisheit vor aller Zeit in die Welt kam und einen Ort suchte, um zu wohnen. Aber sie fand keinen Ort, weil niemand sie aufnahm (so das äthiopische Henochbuch 42, vgl. auch Sir 24,1-7). So kam die Ungerechtigkeit auf die Welt. Nicht alle waren mit dieser skeptischen Antwort zufrieden. Deshalb meinten Dritte, der Weisheit wurde in Israel eine Wohnstatt gegeben (Sir 24,7-23; Bar 3,37-38). Vierten wiederum war dies zu allgemein, und sie formulierten daher, dass Weisheit allein in der Tora, dem geschriebenen Wort und Gesetz Gottes, und bei denen, die sie auslegen, zu finden sei (Sir 24,23-34; Bar 4,1). Die fünfte Antwort schließlich lautete, Gottes Weisheit könne nur dann wirklich göttlich sein, wenn sie immer bei Gott bleibt. Wer sich ganz auf die Liebe zu ihr einlassen will, muss daher alle irdischen Güter verlassen, sich ganz auf die Liebe zu ihr einlassen (Weish 6-9) und aus der Welt zu ihr aufsteigen (so der jüdische Philosoph Philo von Alexandria im 1. Jh. n.Chr.).
All diesen Antworten ist die Erkenntnis gemeinsam, dass die Weisheit einerseits Eigenschaft Gottes ist – denn es gibt nur einen Gott – aber zugleich auch eine eigenständige Person. Sie war dabei, als Gott die Welt erschuf (Weish 9,9; Spr 8,22), sie ist »die Erste der göttlichen Werke« (Philo, Über die Trunkenheit 31, vgl. Kol 1,15). Sie ist »Architektin des Seins« (Weish 8,6) und »sie herrscht über alles« (Weish 7,12, vgl. Kol 1,16). Sie »weiht in das göttliche Wissen ein« (Weish 8,4), »ist Widerschein des ewigen Lichts« und »Abbild göttlicher Güte« (Weish 7,26, vgl. Kol 1,15.17). Schließlich lobt sie sich mitten in der himmlischen Versammlung (griechisch: ekklesia): »Ich wohnte in den höchsten Höhen, und mein Thron stand auf einer Wolkensäule« (Sir 24,1-4, vgl. Kol 1,18a).
Mit der ersten Strophe des Liedes, Kol 1,15-18a, könnte also die himmlische Weisheit gepriesen sein. Allerdings wird im Text eine männliche Person besungen. Wer besungen wird, bleibt zunächst offen. Im Text ist nur ein unbestimmter »er« genannt. Bevor ich aber die Frage weiter klären kann, warum in Kol 1,15-20 kein »sie« steht, möchte ich noch die zweite Strophe des Liedes betrachten. Auch in Kol 1,19 steht ein Satz, der ebenso über die Weisheit gesagt werden kann. Denn: sie »schreitet und zieht durch alles« (Weish 7,24) und »verwaltet das All auf angemessene Weise« (Weish 8,1). Die Weisheit ist also die

Fülle Gottes, die den Erdkreis erfüllt (vgl. Weish 1,7; Kol 1,19), und sie geht »in allem und allem voran« (Kol 1,18b).

Die Weisheit liebt die Weisen und Gerechten. Sie begleitet sie auf allen Wegen: »Die Weisheit errettet die, die ihr dienen, aus Not ... Sie ließ den Gerechten, der verkauft wurde, nicht im Stich, sondern errettete ihn aus Sünde. Sie stieg mit ihm in die Grube, und in Ketten ließ sie ihn nicht fallen, bis sie ihm das Szepter des Königreiches gebracht hatte und die Vollmacht über die, die ihn unterdrückten« (Weish 10,9.13f.). Obgleich alle Namen in Weish 10 fehlen, ist klar, dass hier Joseph gemeint ist. Das Fehlen der Namen (vgl. Kol 1,15-20) zeigt jedoch, dass es weniger um einen bestimmten, sondern um die Gerechten schlechthin geht. Die Weisheit begleitet die Gerechten überall, sogar in Leid und Anfechtung. Aber – anders als in Kol 1,20 – leidet sie selbst nicht. Sie sorgt vielmehr mit ihrer höheren Gerechtigkeit am Ende für einen verdienten Ausgleich.

An dieser Stelle beginnt nun das Nachdenken der Osterzeuginnen und Osterzeugen. Sie identifizierten den zum Tod am Kreuz verurteilten Jesus von Nazareth mit der Weisheit. Möglich war dies durch zwei Überlegungen, die ebenfalls in der jüdischen Weisheitsbewegung diskutiert wurden. Erstens: Gottes Gerechte versöhnen und stiften Frieden zwischen Gott und Welt (Kol 1,20). Weil die Gerechten in Verfolgung und durch alle Ungerechtigkeit hindurch Gott treu blieben, ist Gottes Barmherzigkeit bereit, ihren Zorn über die Ungerechtigkeit in der Welt zu beenden (4 Makk 17,21-18,3). Und zweitens: Gottes Weisheit rehabilitiert die verfolgten und leidenden Gerechten nach ihrem Tod (vgl. Weish 4,16; 5,15f.). Sogar die Ungerechten müssen dann erkennen, dass gerade die leidenden Gerechten es sind, die Gott als Töchter und Söhne anerkennt (Weish 5,1-5).

Die Osterbewegung brachte diese beiden Gedanken zusammen und formulierte: Die Weisheit begleitet die Gerechten nicht nur in die Grube, sondern sie solidarisiert sich vollkommen. Sie leidet mit ihnen und identifiziert sich sogar mit ihrem Tod (Kol 1,18b.20).

Fast das ganze Lied Kol 1,15-20 kann also als Lied über die Weisheit und ihre Gerechten gesungen werden. Allein der Hinweis auf den Tod am Kreuz identifiziert den einen zu Unrecht Getöteten. Durch die Auferstehung, so die These von Kol 1,15-20, hat die Weisheit den gekreuzigten Jesus von Nazareth nicht nur am Ende gerecht gesprochen, sie hat sich mit ihm identifiziert und sich in ihm offenbart. Die Weisheit ist damit zu jenem »er« geworden, der in Kol 1,15-20 besungen wird.

Die Identifikation von Christus mit der Weisheit bleibt im Brief an die Gemeinde in Kolossä jedoch bewusst. Dies wird an der im Neuen Testament einzigartigen Formulierung in Kol 1,13: »Reich des Kindes göttlicher Liebe« deutlich. Es ist nämlich das Reich der Weisheit, denn »Gott liebt die Weisheit« und »allein die, die sie lieben« (Weish 7,28; 8,5). Die Gemeinde dankt dafür, dass sie bereits jetzt im Reich der geliebten und liebenden Weisheit ist. Wider allem irdischen

Schein ist sie in ihrer Gemeinschaft gerecht gesprochen. Die Gemeinde hat Anteil an Erlösung und Vergebung der Sünden (Kol 1,14). Weil sie zu jenen gehört, die der Ungerechtigkeit im Angesicht und mit dem Beistand der göttlicher Weisheit widerstehen, gehört sie zur Weisheit und zu ihren Gerechten, in denen sich Gottes himmlische Weisheit offenbart.

Angela Standhartinger

33. Isis-Aretalogie von Kyme. Abgedruckt in: Johannes Leipoldt/Walter Grundmann (Hg.): Umwelt des Urchristentums. Bd 2: Texte zur neutestamentlichen Zeitgeschichte, 7. Aufl., Berlin 1986, 96-98. Andernorts wird Isis gepriesen: »Du gabst den Frauen die gleiche Macht und Kraft wie den Männern« (Oxyrhynchus Papyri 1380, 213f.).

Zum Gottesdienst

Votum

Im Namen Gottes
öffnen wir unsere Herzen und Sinne
und feiern die Kraft der Weisheit
und den Atem des heiligen Geistes.
Amen.

Bekenntnis

Wir glauben zu kennen,
was wir sehen
und erkennen nicht.

Wir glauben zu hören,
was wir hören
und erhören nicht.

Wir brauchen
deinen göttlichen Geist,
damit wir dich erkennen.

Jesus, du bist ein Kind Gottes,
wir bitten dich:
Erbarme dich unser.

Gloria

Die Zusage entnehmen wir Versen aus dem ersten Brief des Paulus an die Gemeinde in Korinth.
»Wisst ihr nicht, dass euer Leib ein Tempel des heiligen Geistes ist,
der in euch wohnt, und den ihr von Gott habt, so dass ihr euch nicht selbst hört?«

Psalmgebet nach Ps 148

Halleluja
Lobt Gott in der Höhe und in der Tiefe,
im Himmel und auf Erden.

Alle sollen den Namen Gottes loben,
denn von Gott ist alles geschaffen.

Gott gibt allen eine Ordnung
und lässt sie bestehen für immer und ewig.

Lobt Gott, Sonne und Mond
und alle leuchtenden Sterne.

Ihr wilden Tiere der Erde und ihr nahe bei den Menschen,
ihr Vögel des Himmels und die Vielfalt der kleinen Tiere.

Lobt Gott, die Wolken des Himmels
und die Quellen der Erde.

Ihr großen und kleinen Fische der Meere
und alle in den Flüssen und Seen.

Lobt Gott, Feuer, Hagel, Sturmwind, Schnee und Nebel,
denn in ihnen spricht Gott.

Lobt Gott, die Berge und Täler,
alle Pflanzen und Bäume.

So weit der Himmel und die Erde reichen
sind alle Geschöpfe Gottes geheiligt. Amen.

Glaubensbekenntnis

Ich glaube
an Gott,
an die Kraft, die die Welt geschaffen hat.
Ich glaube an Gottes Weisheit,
die sich als Gottes Tochter offenbart.

Ich glaube,
dass Gott will,
dass alle Menschen
Freude an der Schöpfung haben
und mit der Weisheit spielen wollen.

Ich glaube
an die göttliche Geistkraft,
die uns bewegt, befähigt
und tüchtig macht
zur Liebe zum Leben. Amen.

Lesung: Kol 1,13-20

Hallelujavers: »O komm, du Geist der Wahrheit« (EG 136)

Schlussgebet

Gott, lass uns erkennen,
wie weisheitlich
deine Schöpfung gebaut ist.
Schenke uns Spielräume,
um an ihr weiter zu bauen.
Lass uns Liebe zuwachsen,
damit dies in deinem Sinne geschieht.
Gib uns Mut,
damit wir zu Prophetinnen und Propheten
deines Schöpfungswillens werden,
und mache uns zu Handwerkerinnen und Handwerkern
deines Friedens. Amen.

Segen

Segne uns, Gott,
mit deiner göttlichen Weisheit,
bewege unsere Fantasie
mit der Kraft deines Geistes,
und halte uns
in deiner Liebe. Amen.

Predigtskizze

Einleitung

»Wozu bin ich auf der Welt«, so fragt eine 5-Jährige. Eine Kinderfrage, die nach einer weisheitlichen Antwort sucht. Der Illustrator Wolf Erlbruch versucht in einem Kinderbuch mit dem Titel »La grande question« 21 Antworten zu finden. Die eigentliche weisheitliche Antwort hält pikanterweise der Tod bereit.
In ein Clownsgewand gehüllt, verkündet er scherzend: »Du bist da, um das Leben zu lieben.«
Um Geist und Weisheit geht es in einem Pfingstgottesdienst und um die alte philosophische Frage: »Was kann ich wissen, was soll ich tun, was darf ich hoffen?«
Die Alten könnten darauf Antwort geben, schließlich haben sie Lebenserfahrung. Ist die Summe der Lebenserfahrung schon Weisheit? Das scheint nicht so, denn auch Alte verhalten sich oft töricht.
»Wozu«, das fragen sich alle Generationen. Die Frage nach dem »Wozu« hat auch in den biblischen Texten unterschiedliche Antworten bereit. In vielen Texten, besonders aber im Buch der Sprichwörter, wird dazu die Weisheit befragt. Dabei vermitteln die Bilder der Weisheit Ahnungen und Visionen, keine konkreten Vorstellungen.
Sie eröffnen Quellen der Erleuchtung jenseits des Verstandes, schenken die Gabe des Wissens, des Deutens und der Beurteilung. Sie bleiben trotzdem im Verborgenen, sie vermitteln den Menschen, dass die Weisheit als Kind Gottes, als Begleiterin nicht ganz erfasst werden kann. Ihr Wirken geht über unseren Verstand.
Der Predigttext für diesen Pfingstsonntag steht in Sprichwörter 8, die Verse 22-31 und hat diese eigentümliche Verbindung von Weisheit und Schöpfungsaussagen. In dieser Verbindung bekommt die Kinderfrage »Wozu bin ich auf der Welt« ihre besondere Berechtigung. Bei der Suche nach einer Antwort schauen Menschen nach Schöpfungsbildern, nach dem, was Leben ist und was die Weltordnung dazu anbietet.

Spr 8,22-31

Die Weisheit spricht:
22 Die Ewige schuf mich zu Beginn ihrer Wege,
als Erstes aller ihrer Werke.
23 Gewoben wurde ich in der Vorzeit,
zu Beginn, vor der frühesten Erdzeit.

24 Bevor es das Urmeer gab, wurde ich geboren.
Bevor die Quellen waren von Wasser schwer.
25 Bevor die Berge verankert wurden,
vor den Hügeln wurde ich geboren.
26 Weder Erde noch Felder hatte sie erschaffen
noch den ersten Staub des Festlands.

27 Als sie den Himmel ausspannte, war ich dabei.
Als sie die Erde vom Urmeer schied.
28 Als sie die Wolken oben befestigte.
Als die Quellen des Urmeers stark waren.
29 Als sie das Meer begrenzte, damit das Wasser ihren Befehl nicht überträte.
Als sie einsenkte die Fundamente der Erde:

30 Da war ich der Liebling an ihrer Seite.
Die Freude war ich Tag für Tag
Und spielte die ganze Zeit vor ihr.
31 Ich spielte auf ihrer Erde,
und meine Freude waren die Menschen.

nach einer neuen Übersetzung von Gerlinde Baumann

Experimentelle Möglichkeit als Reaktion auf den Text.
Einladung an die Gemeinde durch nachbarliches Gespräch auf den Text spontan zu reagieren, um pfingstliches Stimmengewirr zu erleben. Text nach einigen Minuten nochmals lesen, evtl. verteilen und aus der Gemeinde heraus abschnittsweise oder je nach Annäherung versweise lesen. Wenn dies zur gleichen Zeit geschieht, stellt sich Geheimnis und Freude am Text ein.

Stichwörter zum weiteren Verlauf

1. Die personifizierte Weisheit
Die Weisheit redet als »Ich«, ist Person und älteste Tochter der Schöpfungswerke.
Sie ist in Verbindung mit *ruach*, Geist, das weibliche erste Gotteskind.
Weil sie immer bei Gott bleibt, ist ihre Weisheit göttlich.

Die damals angebeteten Göttinnen des Mittelmeerraumes Maat und Isis werden zu Götzenbildern, weil die göttliche Weisheit immer bei Gott bleibt, auch dann, wenn sie zu den Menschen kommt.
Da sie von der Ewigen geschaffen und geboren wird, ist sie mit ihr wesensgleich. Es ist unumgänglich, dass sie bei allen Schöpfungswerken anwesend ist. Sie ist Liebling Gottes, spielend und scherzend.
Ihre Anwesenheit im Schöpfungsgeschehen ist Vergnügen, Wonne und Freude. Sie freut sich auch, wenn sie zu den Menschen kommt. Menschen empfinden, wenn sie etwas von der Weisheit Gottes erkennen, Lust.
(Denn die Weisheit wird in dein Herz kommen und die Erkenntnis wird die Lust deiner Seele sein, Spr 2,10.)

2. Schöpfung und Weisheit im Alltag
Wir leben in dieser Welt zwischen Schöpfungsordnung und Spiel, sind schöpferisch tätig in allen Bereichen unseres Alltags. Wir gestalten die Welt nach den göttlichen Schöpfungsbildern. Unsere Visionen zeichnen mögliche Modelle, sie sind schon im Schöpfungsgeschehen vorhanden. Andere Bilder können wir nicht hervorholen. Mit Hilfe der göttlichen Weisheit holen wir sie aus der Fülle der immer währenden Ewigkeit. Das ist ihr Spiel mit uns Menschen.
Handwerkerinnen und Handwerker ergreifen aus der Fülle göttlicher Möglichkeiten neue Ideen und mit Geschick entsteht eine neue Ordnung, eine menschliche Schöpfung.
Bäuerinnen und Bauern wissen um Himmel, Erde, Felder, Wasser und ordnen danach ihre Arbeit, das ist weisheitliches Erkennen. Und die Ernte ist, Anteil an der Schöpfung haben.
Mütter und Väter spielen mit ihren Kindern, ihre Fantasien wollen das Beste für ihre Kinder und damit setzen sie deren Entwicklungen in Gang.
Selbst die Börse spielt mit Fantasie und Vision und setzt Wirtschaftsgrenzen.
Sportlerinnen und Sportler spielen mit ihren menschlichen Möglichkeiten und loten ihre Grenzen aus.

3. Die Weisheit als christliche Ethiklehrerin
Geist Gottes offenbart sich in der Weisheit, dieser Text spricht noch nicht von Jesus Christus. Er ist ein Text aus dem Ersten Testament.
Im Brief an die Gemeinde in Kolossä wird Christus mit der Weisheit identifiziert als »Reich des Kindes göttlicher Liebe«, Kol 1,13. Die Gemeinde hat schon jetzt durch den Auferstandenen Anteil an der göttlichen Weisheit, wenn sie der Botschaft des Evangeliums folgt.
Hier genügt ein Hinweis auf die Lesung aus Kol 1,13-20. Für die Auslegung des Textes wird empfohlen, bei dem Text aus dem Ersten Testament zu bleiben.
So wird Frau Weisheit zur Weisheitslehrerin, indem sie jede Ordnung, jedes Dogma »spielerisch« hinterfragt.

Daraus kann die Pfingstgemeinde Fragen ableiten, z.B.:
Ist Kirchenordnung noch gesellschaftlich relevant? Aus welchem festgefahrenen Dogma leben wir in unserer Gemeinde und welches Ideenspiel hilft uns zu Veränderung? Ist Gentechnik schöpfungsgewollt? Wo sind die Grenzen zwischen Forschungsspiel und Umsetzung? Andere nahe liegende Beispiele können gesucht werden.

Zusammenfassung

Im Mittelpunkt dieses Textes steht die Erschaffung der Welt. Mit Verben ausgedrückt wie schaffen, verankern, weben, gebären, aufstellen, befestigen, begrenzen, ist Gott – nach menschlicher Vorstellung – mit anstrengender handwerklicher Arbeit beschäftigt. Die Weisheit freut sich die ganze Zeit. Sie ist beim Erschaffen der Weltordnung weniger ernst, ja spielt, scherzt, vergnügt sich. Letztendlich setzt sie ihre Freude mit den Menschen fort.
Die Weltordnung steht, aber die Freude, die Lust an ihr verbürgt die Weisheit. Sie spielt mit dem Umgang der Ordnung, sie gestattet den Menschen Visionen, Geist, Erkenntnisse. Sie spielt mit dem Entwicklungspotenzial dieser Ordnung. Sie spielt mit der prophetischen Dimension des Geistes, die Menschen zum Handeln treibt. Die göttliche Weisheit beteiligt durch ihr Spiel die Menschen an der Vollendung der Schöpfung.
Dabei bleibt sie Liebling der Ewigen, bleibt innerhalb dieser Weltordnung. (Nur ihre Schwester, die Torheit, missbraucht diese Ordnung.) Auch sie wird ewig da sein und sie wird immer mit den Menschen spielen, damit sie an der Schöpfung weiterarbeiten.
Dabei wird uns die geheimnisvolle verborgene und gestaltende Freude zuteil. Denn jede Erkenntnis ist mit Lust verbunden, weil wir dahinter Gottes unendliche ewige Liebe zu allen Geschöpfen spüren.
Die Weisheit lehrt uns, dass wir unseren Geist nicht einsperren müssen, damit wir Gottes Geist begegnen können. Wir dürfen träumen, fantasieren und uns mit Ideen begeistern lassen. Auf weisheitserfüllte Weise zu verstehen, heißt, die Schöpfungsordnung zu achten. Das ist ein anderes Verstehen als eine allein vom Intellekt geprägte Logik.
Die Freude dieser Erkenntnis gibt vielleicht die Antwort auf die Kinderfrage »wozu«: »Du bist da, um das Leben zu lieben.«
Pfingsten, so heißt es, ist der Geburtstag der Kirche.
Welchen Stellenwert hat dafür diese Dimension der göttlichen Weisheit?
Gibt es einen Traum zu erzählen?
Vielleicht den: Kirche ist da, um das Leben zu lieben.

Heidi Rosenstock

Erntedankfest
Der zweite Brief an die Gemeinde in Korinth 9,6-15

Renate Höppner und
Reinhard Höppner

Zum Text

2 Kor 9,6-15

6Macht euch Folgendes klar: Wer sparsam sät, wird auch wenig ernten; wer
aber mit vollen Händen sät, wird auch volle Hände ernten. 7Alle mögen in der
Höhe geben, für die sie sich entschieden haben, weder missmutig noch
gezwungenermaßen. Denn die, die fröhlich geben, die liebt Gott. 8Gott hat die
Macht, euch von allem reichlich zu geben, damit ihr immer in allem ein gutes
Auskommen habt und dementsprechend reichlich gute Werke tut. 9Ganz so,
wie die Schrift[34] sagt: *»Gott hat an viele verteilt und damit zugleich den Armen
gegeben; Gottes Gerechtigkeit bleibt in Ewigkeit.«* 10Gott gibt allen, die säen,
sowohl den Samen für die Aussaat als auch das Brot zum Sattwerden; genauso
wird Gott euch Samen zur Aussaat geben und die Saat aufgehen lassen, Gott
wird den Ertrag eurer Gerechtigkeit mehren. 11So werdet ihr in allem reich wer-
den, damit ihr mit Selbstverständlichkeit gebt. Dies bewirkt durch uns Dank-
barkeit Gott gegenüber, denn wir sind es, die die Gaben überbringen. 12Dieser
Dienst an der Gemeinschaft deckt nicht nur den Bedarf der Heiligen, nämlich
der Geschwister in Jerusalem, sondern schafft darüber hinaus bei ihnen eine
Fülle an Dankbarkeit Gott gegenüber. 13Wenn uns dieser Dienst gelingt, werden
sie Gott lobsingen, und sie werden anerkennen, dass wir gemäß dem Evangeli-
um von Jesus Christus leben und dass die Gemeinschaft mit ihnen und allen
Geschwistern unkompliziert besteht. 14Sie werden für euch beten und sie wer-
den euch herbeisehnen, weil sich in euch Gottes Zuwendung reichlich zeigt.
15Gott sei Dank für das unfassbare Geschenk.

Übersetzung von Renate Kirchhoff

Der Zweck der Rede ist klar. Die Gemeinde in Korinth soll mehr Kollekte für die Geschwister in Jerusalem geben. Die Logik des Paulus: Je mehr ihr gebt, desto mehr werdet ihr auch davon haben. Ich will natürlich keinen Druck auf euch ausüben. Alle können selbst bestimmen, was sie geben wollen. Aber die Angst, dass für euch nicht genug übrig bleibt, ist unbegründet. Gott wird euch reichlich geben. Gott hat euch jetzt schon so reichlich gegeben, weil davon auch die Armen etwas abbekommen sollen. Man hat ja auch nach der Ernte einen Teil, um Brot zu backen und zu essen, und einen Teil zum Säen. Betrachtet das, was ihr abgebt, als Saat, und verlasst euch darauf, dass Gott es wachsen lassen wird. Die Frucht dieser Saat ist ja nicht nur, dass die Geschwister in Jerusalem auch satt werden. Die werden über die Maßen froh sein und Gott danken. Sie werden merken, dass ihr rechte Christenmenschen seid, und gleichzeitig begreifen, was das Bekenntnis zum Evangelium praktisch bedeutet. Sie werden für euch beten und sagen: Mit diesen guten Menschen würden wir gerne mal zusammen sein. An ihnen merken wir, wie Gott zu uns ist. Gott sei Dank! Solch ein Geschenk! Es ist nicht zu fassen!

Ich finde, dieser Logik kann man folgen. Sie wird allerdings durch die neue Übersetzung eher etwas unklarer als bei Luther. Wo bei Luther der oft zitierte Satz steht: »Wer da sät im Segen, der wird auch ernten im Segen«, wird man provoziert, über den Segen beim Säen und Ernten nachzudenken. Wenn da jetzt steht: »Wer mit vollen Händen sät, wird auch mit vollen Händen ernten«, dann ist das nicht nur blasser, sondern das Bild ist schlicht falsch. Das haben wir schon im Schulgarten beim Radieschensäen gelernt. Mit vollen Händen Samen in die Furche – alles schießt ins Kraut, weil die Pflanzen nicht genug Platz haben. Nein, die Logik: »Viel bringt viel«, ist falsch. So einfach geht das nicht. Ich lasse es bei dieser Textkritik.

Der Logik des Paulus kann man folgen. Viel besser kann man es heute auch nicht sagen, wenn wir zu einer Kollekte für Brot für die Welt aufrufen. Ich gehe davon aus, dass die Gemeinde in Korinth von der Bedürftigkeit der Geschwister in Jerusalem wusste, sonst hätte Paulus dazu sicher etwas mehr gesagt. Das ist bei uns heute keineswegs immer der Fall. Wir haben oft keine Vorstellung davon, bei welch elementaren Dingen die Menschen in den ärmsten Regionen der Welt schon jubeln: »Gott sei Dank! Welch ein Geschenk! Es ist nicht zu fassen!« Die Predigt könnte also ruhig ein paar Beispiele nennen. Am besten natürlich Geschichten. Zahlen helfen nicht. Darum finde ich ja so gut, dass Luther beim Geben übersetzt: »nach dem Willen seines Herzens« und nicht »in der Höhe, für die sie sich entschieden haben«. Aber die Predigt sollte natürlich nicht bei einem mit verschiedenen Erläuterungen versehenen Kollektenaufruf stehen bleiben. Keine Predigt sollte ohne eine Antwort auf die Frage bleiben, was lehrt uns das für *unser* Leben.

Gerechte Sprache und Erntedank

Zum Erntedankfest steht mehr oder weniger deutlich ausgesprochen das Thema Gerechtigkeit im Raum. Die Freude über die reichen Gaben, die uns geschenkt wurden, ist eine Blasphemie, wenn sie nicht die bittere Armut in vielen Teilen der Erde mit bedenkt und zur Sprache bringt. Was also liegt näher, als gerade an diesem Sonntag besonderes Augenmerk auch auf eine gerechte Sprache zu legen? Wer das möchte, muss sich freilich Rechenschaft darüber abgeben, was gerechte Sprache bedeutet. Nach wie vor ist das für viele ein ungewöhnlicher Begriff. Und es wäre zu wenig, wenn man dabei nur an das Thema von männlichen und weiblichen Sprachformen denkt. Dazu lohnt ein Blick auf das, was die Bibel mit Gerechtigkeit meint.

Gerechtigkeit ist nicht die Beschreibung eines Zustandes, schon gar nicht nur eines Rechtszustandes. Gerechtigkeit in der Bibel ist ein Verhältnisbegriff. Wo die zwischenmenschlichen Beziehungen stimmen, wo das Verhältnis zwischen Gott und Mensch stimmt, da ist Gerechtigkeit. Arbeit für Gerechtigkeit ist eine Integrationsaufgabe. Es geht darum, die an den Rand der Gesellschaft Gedrängten und auch die, die sich selbst ins Abseits gestellt haben, zurückzuholen in die Mitte der menschlichen Gesellschaft. Ausgrenzung, sei es durch einen bewussten Akt oder durch Gleichgültigkeit, Ausgrenzung ist eine Verletzung von Gerechtigkeit. Eine Übersetzung in gerechter Sprache muss also keineswegs nur dem ursprünglichen Sinn des alten Textes gerecht werden, sondern sensibel darauf achten, dass durch die Sprache nicht Ausgrenzungen fortgeschrieben werden. Und dabei ist die Diskriminierung von Frauen nur ein, wenn auch ein wichtiges Thema.

Wer sich einer solchen gerechten Sprache verpflichtet fühlt, wird sich bei allem, was gesagt und geschrieben wird, fragen müssen: Wen grenze ich durch meine Sprache aus? Wer ist gemeint und fühlt sich doch nicht angesprochen? Wer bleibt draußen und müsste doch gerade jetzt integriert, mitgenommen werden? Zugegeben, das ist eine schwierige Aufgabe, denn wer erst sensibel geworden ist für ungerechten, Menschengruppen ausgrenzenden Sprachgebrauch, bemerkt, wie viele blinde Flecken wir mit uns herumschleppen. Gott ist gerecht auch, weil Gott niemand einfach übersieht. Dem gerade in Vorbereitung auf diesen Sonntag nachzudenken ist nicht nur eine lohnende, sondern dem Erntedankfest sehr angemessene Aufgabe. Freude und Dankbarkeit vorbei an denen, die Grund für Freude und Dankbarkeit in ihrem Leben nicht entdecken können, wäre schon der Anfang von Ausgrenzung. Fröhlich zu singen: »Er gibt Speise reichlich und überall ...«, fällt mir jedenfalls – auch wenn das Lied sonst sehr schön ist – an diesem Tag doch schwer. Reden in gerechter Sprache stellt sich der Integrationsaufgabe, die die Bibel meint, wenn sie von Gerechtigkeit redet. Es wird mit dieser Sprache sein wie mit der Gerechtigkeit überhaupt: Es gibt nur Annäherungen. Aber es lohnt sich, sie zu versuchen, gerade am Erntedanktag.

---

34. Ps 119,9.

Zum Gottesdienst

Vorbemerkung

Zum Erntedankfest gehört für mich unverzichtbar ein festlich mit Erntegaben ausgestalteter Gottesdienstraum. Auf ihn zu verzichten wäre nicht anders, als zum Weihnachtsgottesdienst einzuladen, ohne ihn weihnachtlich zu gestalten. Wir haben seit Jahren eine Erntekrone, die von Landfrauen gebunden worden ist. Einige von ihnen kommen zu diesem Gottesdienst in unsere Stadtgemeinde. In anderen Gemeinden wird hier auf andere Traditionen zu verweisen sein. Mir scheint zudem wichtig, dass die Geschwister aus einer anderen Gemeinde, vielleicht auch aus einem armen Land der Welt, in diesem Gottesdienst, zumal wenn es um Solidarität zwischen Gemeinden geht, präsent sind. Dem sollte dann auch in einer entsprechenden Begrüßung Rechnung getragen werden. Die besondere Begrüßung sollte auch den Kindern gelten, selbst wenn sie zum Kindergottesdienst während der Predigt nach draußen gehen. Zu jedem Fest gehören Elemente der Partizipation. Gerade für Kinder ist das mit Bewegung und Überwindung des Abstandes von vorn und hinten verbunden. Sie können auch etwas vorbringen oder am Schluss etwas austeilen, was sie verschenken wollen. In diesem Fall muss aber auch etwas für die Kinder selbst dabei sein – ein Doppelgeschenk zum Teilen.

Begrüßung

Unsere Kirche ist wieder festlich geschmückt. Es ist inzwischen Tradition, dass Frauen aus Neindorf uns eine Erntekrone geflochten haben. Es ist heute mühsam geworden, die Ähren zu sammeln, für jeden Bogen eine Getreideart: Roggen, Weizen, Gerste und Hafer. Jetzt freuen wir uns darüber und danken ihnen ganz herzlich.
Aber es sind auch noch viele andere Gaben hierher gebracht worden. Ihr Kinder dürft alle mal vorkommen und euch das ansehen. Und dann sagt mal ganz laut, was ihr hier vorne gesehen habt.
Es ist also alles fein bereitet. Das Fest kann beginnen. Und wir beginnen es mit einem gemeinsamen Lied.

Eingangsvotum

Wir sind hier und feiern ein Fest
im Namen Gottes,
der Kraft, die uns trägt und ermutigt,
der Liebe, die uns umhüllt und Geborgenheit schenkt,
dem Geist, der uns zusammenhält und uns tröstet.

Unser Leben hat einen Sinn durch Gott,
denn Gott hat unsere schöne Welt geschaffen,
lässt sie in Fülle und Vielfalt wachsen und reifen,
lässt uns das Fest der Ernte feiern in überströmender Freude.

Eingangspsalm nach Ps 145

Ich will singen, lieber Gott,
singen will ich von deiner Freundlichkeit,
die durch alle Zeiten über der Welt liegt.
Jeden Tag will ich davon singen,
singen will ich davon, wie großartig du bist.
Alle Menschen,
alle Menschenkinder und alle Generationen
werden von dir erzählen,
weil sie staunen über den Glanz deiner Wunder:
wie gut du bist, wie zärtlich und wie wunderbar.
Ja, du beschenkst unser Leben mit deiner Liebe,
du hast viel Geduld mit uns Menschen,
du erfüllst unsere Zeit.
Wie die Sonne alles bescheint,
so ist deine Liebe für alle da.
Alle deine Geschöpfe werden dir dafür danken,
und alle Menschen werden erkennen,
wie glanzvoll du regierst.
Wir richten unsere Hoffnung auf dich,
und du überschüttest uns mit Geschenken.
Du öffnest dein Herz, und wir spüren deine Liebe.
So begleitest du mit deinem Segen alle,
die an dich glauben.
»Dein ist das Reich und die Kraft
und die Herrlichkeit in Ewigkeit.«
Peter Spangenberg

Kyrie

Die Kluft zwischen Arm und Reich wird immer größer.
Und wir lassen uns den Spruch gefallen: Geiz ist geil.
Dabei macht Geiz uns immer einsamer.
Es ist ärmlich, erbärmlich.
Christus, erbarme dich.

Immer mehr Menschen sind arm an Verwirklichungschancen.
Und wir lesen von Sozialschmarotzern und sozialer Hängematte.
Dabei fragen sich immer mehr Menschen, wozu sie eigentlich auf der Erde sind.
Es ist ärmlich, erbärmlich.
Christus, erbarme dich.

Wir konsumieren, was noch nicht gesät und geerntet ist.
Wechsel auf die Zukunft. Unsere Kinder werden sie bezahlen.
Und immer weniger Menschen sind bereit, Kinder zu gebären
und ihnen mit ihrer Liebe Zukunft zu schenken.
Es ist ärmlich, erbärmlich.
Christus, erbarme dich.

Eingangsgebet

Gott, wir haben gesät,
du hast es wachsen lassen
durch Sonne, Wind und Regen.
Nun fahren wir die Ernte ein,
Gaben, die wir schmecken und sehen,
Geschenke, die wir hören und fühlen.
Wir sind gekommen, um Dank zu sagen
für deine Güte und für die Menschen,
durch die wir deine Freundlichkeit erfahren.
Du machst uns reich zu teilen.
Gib uns auch die Kraft, danach zu handeln.

Du, Gott, bist vor uns und mit uns
und lockst uns immer wieder auf deinen Weg,
immer wieder, alle Tage bis an das Ende der Zeit.

Lesung: Epistel

Hier kann bereits der Predigttext 2 Kor 9,6-15 gelesen werden.
Halleluja
Seht doch, wie gut und herrlich es ist,
wenn Geschwister teilen
und am Ende alle, alle Menschen in nah und fern,
reich sind, reich an Gottes unerschöpflichen Gaben.

Lesung: Lk 16,19-31

19 Es war aber ein reicher Mann, der sich in Purpur und feines Leinen kleidete und alle Tage herrlich und in Freuden lebte. 20 Ein Armer aber, mit Namen Lazarus, lag vor dessen großem Eingangstor mit Geschwüren bedeckt. 21 Und er begehrte, sich mit dem zu sättigen, was von dem Tisch des reichen Menschen fiel; aber auch die Hunde kamen. Sie beleckten seine Geschwüre. 22 Es geschah aber, dass der Arme starb und von den Engeln an Abrahams Brust fortgetragen wurde. Es starb aber auch der reiche Mensch und er wurde begraben. 23 Als dieser im Hades seine Augen emporhob und sich quälte, sah er Abraham von ferne und Lazarus an seiner Brust. 24 Und er rief laut: »Vater Abraham, erbarme dich meiner und sende Lazarus, damit er die Spitze seines Fingers ins Wasser tauche und meine Zunge kühle! Denn ich erleide Qualen in dieser Flamme.« 25 Abraham entgegnete ihm: »Kind, gedenke, dass du dein Gutes in deinem Leben empfangen hast, und Lazarus ebenso das Böse; jetzt wird er hier getröstet, du aber erleidest Qualen. 26 Außerdem besteht zwischen uns und euch eine unüberwindliche Kluft, sodass keine und keiner von hier zu euch oder von dort zu uns kommen kann, selbst wenn sie wollten.« 27 Der reiche Mann aber sprach: »Ich bitte dich nun, Vater, dass du ihn in das Haus meiner Eltern sendest, 28 denn ich habe fünf Geschwister. Denen soll er eindringlich zureden, damit sie nicht auch an diesen Ort der Qual kommen!« 29 Abraham aber spricht: »Sie haben Mose sowie die Prophetinnen und Propheten; die sollen sie hören!« 30 Der reiche Mann aber sprach: »Nein, Vater Abraham, sondern wenn jemand von den Toten zu ihnen geht, werden sie umkehren.« 31 Abraham aber sprach zu ihm: »Wenn sie Mose sowie die Prophetinnen und Propheten nicht hören, werden sie auch nicht überzeugt werden, wenn jemand von den Toten aufersteht.«
Übersetzung von Annette Weißenrieder

Predigtidee

Unser Konsumverhalten entscheidet darüber, wie wir leben. So lautet die Grundmelodie des Textes, die über eine Kollektenpredigt weit hinausgeht, mit heutigen Worten. Das ist mehr als die Tautologie: Unser Konsumverhalten entscheidet darüber, was wir konsumieren. Denn leben ist eben mehr als konsumieren. Die Frage ist: Wie sollen wir leben, damit es für alle ein menschenwürdiges, und das heißt dann auch ein gottgefälliges Leben gibt?
Wohlstand für alle lautet noch immer die Parole, obwohl wir doch inzwischen wissen, dass der wachsende Wohlstand bei uns – und der ist bei der Parole doch wohl vor allem gemeint – die Armut in anderen Teilen der Welt drastisch verschärft. Ich höre die Rufe nach mehr Wirtschaftswachstum, nach Stärkung der Kaufkraft, damit endlich wieder mehr konsumiert und also mehr produziert

werden kann und die Wirtschaft endlich wieder in Gang kommt. Ich höre diese Logik zunehmend als trotzige und hilflose Schreie einer Politik, die die Vorstellung davon verloren hat, wie wir zu mehr Lebensqualität, einfach gesagt, zu einem glücklicheren Leben kommen können. Das aber geht nicht durch mehr Konsum, d.h. individuellen Verbrauch. Und hier sollten wir nicht nur an die materiellen Güter denken, die wir verbrauchen – wie Essen und Trinken, Kleidung und Autos. Wir sollten auch an die vielen Dienstleistungen im Unterhaltungsbereich denken, die wir konsumieren und von denen wir uns die Zeit verschlingen lassen. Mehr Konsum führt nicht zu mehr Leben. Oft ist umgekehrt der Konsum eher die hilflose Ersatzbefriedigung für unerfülltes Leben. Die vielen übergewichtigen Kinder sind nur ein äußeres Zeichen dafür. Essen und Chatten statt Liebe. Hinter der Rede des Paulus steht ein ganz anderer Lebensentwurf. Und weil der Lebensentwurf unserer Überflussgesellschaft, die Fortschritt mit Wirtschaftswachstum gleichsetzt, an ein Ende gekommen ist, lohnt es sich wirklich, sich diesen Lebensentwurf des Paulus genauer anzusehen.
Ich möchte ein paar Grundbausteine für diesen Lebensentwurf benennen.

Die Angst vor Mangel ist unbegründet. Das ist eine alte, keineswegs nur christliche Erfahrung. Und sie gilt noch nicht einmal nur Reichen wie uns. In der Eliageschichte (1 Könige 17) wird berichtet, wie einer armen Witwe, die mit Elia teilt, das Mehl im Topf und das Öl im Ölkrug nicht ausgeht, obwohl es nach menschlichem Ermessen nicht einmal für sie und ihren Sohn reicht. Gott schenkt immer wieder das Nötige zum Leben. Angst vor Mangel ist unbegründet. Dieses Gottvertrauen feiern wir in jedem Jahr zum Erntedankfest. Das Lob der reichen Gaben verstellt manchmal den Blick dafür, dass es im Kern um dieses Gottvertrauen geht. Aber gerade dieses Vertrauen, dass Angst vor Mangel unbegründet ist, ist ein Grundbaustein für erfülltes Leben und gelingende Gemeinsamkeit.
Gelebte Solidarität erhöht die Lebensqualität nicht nur der Empfangenden, sondern auch der Gebenden. Bei der Geschichte vom reichen Mann und dem armen Lazarus werden im wahrsten Sinne des Wortes Himmel und Hölle in Bewegung gesetzt, um dies plausibel zu machen. Und weil dies auch in unserer Welt zunehmend nicht mehr selbstverständlich ist, müssen auch wir uns immer wieder dieser Aufgabe unterziehen, plausibel zu machen: Solidarität ist für alle ein Gewinn, jedenfalls, wenn wir langfristig denken. Bei der Werbung für ehrenamtliches Engagement wird zu Recht immer wieder darauf verwiesen, dass die Dankbarkeit und Freude der Beschenkten, der Menschen, die Zuwendung erfahren haben, oft mehr Lohn für den Einsatz sind als jede materielle Entschädigung. Umgekehrt wird vielleicht noch deutlicher: Unterlassene Solidarität gefährdet das eigene Leben. Im politischen Raum wird uns fast täglich vor Augen geführt, wie fehlende Solidarität mit den Armen und den Gedemütigten zu Terrorismus führt, der nicht nur unser Leben bedroht, sondern auch immer mehr die eige-

nen Freiheitsräume einschränkt. Ich kann nur in Frieden leben, wenn auch mein Nachbar, meine Nachbarin – und das ist in unserer globalisierten Welt inzwischen eigentlich jeder Mensch – auch einen menschenwürdigen Platz auf dieser Erde hat. Wer abgibt, beschenkt auch immer sich selbst.
Freunde, Freundinnen zu haben ist ein Schatz, der über das Materielle hinausgeht und für ein glückendes Leben unverzichtbar ist. Wie schön ist es doch zu wissen: Es gibt da einen, der hat Sehnsucht nach mir. Wie schön ist es zu wissen: Es gibt eine, bei der kann ich zu jeder Tages- und Nachtzeit anklopfen und etwas erbitten. Das ist eine Frucht des Abgebens, dass Freude darüber aufkommt, dass Gemeinschaft so unkompliziert, so selbstverständlich besteht. Zu dem Gottvertrauen des ersten Bausteins kommt das Vertrauen von Menschen untereinander, ohne das Leben nicht gelingen kann.
Staunen und Dankbarkeit sind Ausdrucksformen erfüllten Lebens. Sie sind Folge eines Gottesgeschenkes. Danken mag eine Form der Höflichkeit sein. Ich bin manchmal schon erschrocken darüber, wie wenig selbstverständlich es ist. Und darum hat es wohl schon seinen Sinn, wenn die Eltern, wenn Kinder etwas geschenkt bekommen, ein bisschen auffordernd die Frage stellen: »Na, was sagt man? Danke!«. Aber die Dankbarkeit wird erst dann zum Lebenselixier, wenn sie wie die Gabe weder missmutig noch gezwungenermaßen kommt. Solch ein Dank erwächst aus dem Staunen, dass Gottes Zuwendung zu uns sich so reichlich zeigt: Gott sei Dank für das unfassbare Geschenk.

So feiern wir auch an diesem Erntedanktag, wie reich uns Gott beschenkt. Wir sollen und dürfen darüber staunen. Gott sei Dank! Aber wir werden auch daran erinnert: Gott beschenkt uns nicht nur, damit wir konsumieren können. Gott schenkt nicht nur Brot, sondern immer auch Samen, das Mehr, aus dem Neues wachsen kann und soll. Wir sollen und dürfen säen, reichlich säen, im Vertrauen darauf, dass Gott daraus neuen Reichtum wachsen lassen wird. Das ist wirklich mehr als ein Kollektenaufruf. Das ist ein sehr praktisches und zugleich geistliches Konzept für ein erfülltes Leben.

Fürbitten

Gott, du beschenkst uns überreich,
du schenkst uns Samen, damit wir reichlich säen können,
und lässt es wachsen bis zur reichen Ernte.
Befreie uns von der Angst, es könnte nicht reichen,
damit wir fröhlichen Herzens abgeben können
an unsere Geschwister überall dort, wo sie Mangel leiden.

Es gibt so viele Mütter in der Welt, die nicht wissen,
wie sie ihre Kinder durchbringen sollen.
Es gibt so viele Kinder, die mit ihrer Arbeit
ganze Familien ernähren müssen und bitter ausgebeutet werden.
Befreie uns zu einem Miteinander in dieser Welt,
durch das mehr Gerechtigkeit gelebt wird,
und lass uns die ersten konkreten Schritte heute gehen.

Es gibt so viele Kriege auf der Welt,
mit denen doch nur Reichtümer und Besitzstände verteidigt werden.
Marken erobern die Weltmärkte, um jeden Winkel dieser Erde
dem Markt und seinen Gesetzen zu unterwerfen.
Befreie uns von dem Zwang zum Konsum,
der anderen Freiheit und Raum zum Leben nimmt,
und lehre uns, dass erst gelebte Solidarität unser Leben reich macht.

Es gibt so viel Klagen und Meckern auf dieser Welt,
mitten im Reichtum sind viele unzufrieden, einsam, unglücklich.
Uns begegnet die Armut mitten im Reichtum, wenn wir sehen:
Zerstörte Ehen, unbehauste Kinder, verzweifelte Arbeitslose.
Befreie uns von der Ideologie, die täglich predigt:
Mehr Wirtschaftswachstum und Markt bringt auch mehr Glück.
Schenke uns die Erfahrung, dass weniger mehr sein kann
und dass teilen Freundinnen und Freunde schafft und glücklich macht.

Wir sehnen uns nach einer Welt,
in der deine Gerechtigkeit wohnt, aus der Frieden wächst.
Du hast uns so reich beschenkt, dass wir Grund zum Jubeln haben.
Lass uns davon so viel verschenken, dass auch andere jubeln können,
damit am Ende alle dich loben für deine unaussprechliche Gabe.

Segen

Gott segne und behüte uns.
Gott leuchte uns auf dem Weg durch die Dunkelheiten.
und locke uns auf den Weg der Gerechtigkeit.
Gott begleite uns auf den Wegen des Friedens,
heute und morgen und alle Tage dieser Zeit.
Es segne und behüte uns Gott,
allmächtig und barmherzig,
geduldig und von großer Güte.

Reformationsfest
Das Evangelium nach Markus 14,3-9

Annette Mehlhorn

Zum Text

Zu Worte kommen, zur Sprache bringen
Bibel, Reformation, Protestantismus und die Frauen

Wer einen biblischen Text selber liest und ihn kritisch erschließt, ist nicht auf vermittelnde Autoritäten angewiesen. Mehr noch: Eine solche Person kann Aussagen von Autoritäten in Frage stellen, die bestimmte gesellschaftliche Verhältnisse als gottgegeben und ewig behaupten. Zugleich bietet die Schrift den Rahmen und Maßstab, an dem sich auch Autoritäten in ihren Auslegungen messen lassen müssen. – Diese Einsichten haben in der Zeit der Reformation nicht nur zur Forderung der Orientierung am Prinzip des »*sola scriptura*« geführt, sondern auch dazu, die Bibel in eine allen verständliche Sprache zu übersetzen. Lange vor Martin Luther und seinen geistlichen Brüdern haben Frauen in einem ähnlich subversiven Sinne ihre kritische Bibellektüre genutzt, um den Herrschaftsanspruch von Männern in Frage zu stellen. Dass solche Anfänge feministischer Bibelkritik – wie sie beispielsweise Hildegard von Bingen (1098-1179), Christine de Pisan (1365-ca.1430), Isotta Nogarola (1418-1466) oder Marguerite d'Angoulême, Königin von Navarra (1492-1549), betrieben haben – kaum im Gedächtnis geblieben sind, hat vor allem mit den Frauen weitgehend fehlenden Möglichkeiten der Sicherung von Überlieferungen zu tun.[35]

Kein Wunder, dass die reformatorische Bewegung mit ihrer Kritik an herrschenden Autoritätsmodellen viele Frauen in ihren Bann zog. Insbesondere in den frühen Jahren der Reformation nutzten Frauen die Gelegenheit, um erstmals mit politischen und religiösen Stellungnahmen an die Öffentlichkeit zu treten.[36] Darin, dass »Frauen und Schuster es gewagt haben, mit Doktoren über Glaubensfragen zu streiten«[37], liegt eines der großen Ärgernisse der Zeit und zugleich DIE entscheidende reformatorische Errungenschaft: Das Wort der Bibel wird nicht mehr wenigen vorbehalten, sondern soll dem Verstehen aller Gläubigen zugänglich werden. Mit dieser Errungenschaft ist auf lange Sicht ein unumkehr-

barer Individualisierungs- und Demokratisierungsprozess verbunden, der protestantisches Selbstverständnis bis heute prägt.
Zunächst führte die reformatorische Entwicklung jedoch von einem Autoritätsmodell in ein anderes über. Der Entmachtung überkommener Menschen- und Gottesbilder, sowie der Infragestellung sozialer Hierarchien folgten neue, nicht weniger autoritäre und partriarchale. Da im Verlaufe der Reformation Strukturen überwunden worden waren, die in den vorhergehenden Jahren Freiräume für Frauen geboten hatten, sind einige Frauenforscherinnen der Auffassung, »dass sich mit der Reformation die Situation der Frauen eher verschlechtert als verbessert habe«[38].
Auf jeden Fall zog die Reformation keineswegs eine Epoche der Frauenemanzipation oder der Kritik am Patriarchat nach sich:
- Theologisch wurden dem Bereich des »Heiligen« alle weiblichen Identifikationsfiguren genommen um Sakrales und Göttliches ausschließlich männlich zu bestimmen.
- Sozial gingen den Frauen Fluchtmöglichkeiten verloren, die die Orden geboten hatten.
- Zugleich wurde dem Ideal der bürgerlich-patriarchalen Familie mit seinem sehr restriktiven Frauenbild der Weg bereitet, durch dessen Dominanz vorher vorhandene soziale Frei- und Zwischenräume verschlossen wurden.
- Die Hexenverfolgung erreichte im folgenden Jahrhundert ihren Höhepunkt. Auf den »Scheiten der Ideologie« wurde dabei das Gegenbild zum erwünschten Frauenideal der Zeit angeklagt und verbrannt.

Das veränderte Gottes-, Menschen- und Weltbild, das im reformatorischen Projekt der Übersetzung der Bibel in eine allen verständliche Sprache sinnfällig wird, sucht sich dennoch bis heute seinen Weg. Es hat nicht nur für Frauen zu Fortschritten auf dem Weg zur Gleichberechtigung geführt. Entscheidende Auswirkungen auf unser heutiges Nachdenken und Handeln hat vor allem der angestoßene Individualisierungsprozess, der uns als Theologinnen und Theologen inzwischen vor neue Herausforderungen stellt. Die Notwendigkeit erhöhter Wahrnehmung und Aufmerksamkeit für eine kontext- und personenbezogene Verkündigung ist gewachsen. Ob das Wort Gottes heute von einzelnen Menschen gehört, verstanden und in das eigene Leben übersetzt werden kann, entscheidet sich vor allem daran, ob es uns gelingt, den Gläubigen das für die individuelle Eigeninterpretation geeignete Material zur Verfügung zu stellen.[39] Auch wenn diese Entwicklung in mancher Hinsicht zu schwer zu bewältigenden Traditionsabbrüchen, Verunsicherungen und dem Verlust von Verbindlichkeiten geführt hat: Sie ist unumkehrbar. Im »Zwang zur Häresie«[40] und den mit ihm verbundenen neuen Orientierungsnöten liegt die andere Seite jener Freiheit, die uns als Menschengemeinschaft durchaus befähigt, neue religiöse Gewissheiten, Bündnisformen und konsensfähige Regulierungsstrukturen zu entwickeln. Die Erweiterung des Blicks auf den Horizont globaler Vielfalt und die damit verbundenen neuen Kommunikationsmöglichkeiten fordern uns zu Bildungsprozessen heraus, die Menschen in die Lage versetzten, eigene religiöse und weltanschauliche Standpunkte zu beziehen.[41] Dafür ist es nötig, dass die Theologie ihre Vergangenheitslastigkeit hinter sich lässt und dem »Uniformismus der neuevangelischen Wendetheologie des Wortes Gottes« ein protestantisches und damit historisches und entwicklungsbezogenes Wortverständnis entgegensetzt. »Da einzig die Individualität der Individuen das empirisch erfahrbare und theoretisch reflektierbare Subjekt der Religion bildet, sind alle anderen überempirischen und übernatürlichen Vorstellungssubjekte, die im Laufe langer religiöser und theologischer Traditionen aufgebaut worden sind, auf die Funktion zu reduzieren, die sie für den Aufbau und die Auslegung einer religiös sich verstehenden Individualität leisten können«[42].

Das Projekt »Bibelübersetzung in gerechter Sprache« erfüllt in diesem Zusammenhang wesentliche Aufgaben:

- Biblische Texte werden exegetisch fundiert und auf dem Boden neuester wissenschaftlicher Erkenntnisse in die Sprache von heute übersetzt.
- Das Menschen- und Gottesbild, das in dieser Übersetzung zum Tragen kommt, antwortet auf das Bedürfnis vieler Menschen, gleichberechtigt gewürdigt zu werden und zur Sprache zu kommen.
- Die Möglichkeit, diese Übersetzung vergleichend mit anderen zu lesen, hilft, Überkommenes in Frage zu stellen und Verdrängtes aufzudecken.
- Dadurch werden die Leserinnen und Leser zu einer eigenen theologischen Haltung herausgefordert.

Nicht zufällig konstituierte sich der Herausgabekreis dieser Bibelübersetzung an einem Reformationstag (2001): Es handelt sich um ein zutiefst reformatorisches Projekt.
Darum empfiehlt es sich durchaus, bei einem Gottesdienst aus diesem Anlass die Kollekte diesem Bestimmungszweck zuzuführen. Konto der Ev. Akademie Arnoldshain: Nr. 4100522 bei der Ev. Kreditgenossenschaft Kassel BLZ 52060410. Stichwort Bibel.

---

35. Vgl. Gerda Lerner: Die Entstehung des feministischen Bewusstseins. Vom Mittelalter bis zur Ersten Frauenbewegung, Frankfurt a.M. 1995.
36. Vgl. Claudia Ulbrich: Frauen in der Reformation, in: Leonore Siegele-Wenschkewitz, Gury Schneider-Ludorff, Beate Hämel, Barbara Schoppelreich (Hg.): Frauen gestalten Geschichte. Im Spannungsfeld von Religion und Geschlecht, Hannover 1998, 71-86.

37. A.a.O., 72.
38. A.a.O., 76.
39. Vgl. Annette Mehlhorn: Gesicht und Gegenüber. Evangelische Inszenierungen, in: Dies. (Hg.): Abgestürzt? Theologie und Kirche im Zeitalter elektronischer Informations- und Kommunikationstechnologie, 183-202.
40. Peter L. Berger: Der Zwang zur Häresie. Religion in der pluralistischen Gesellschaft, Freiburg 1992.
41. Vgl. Annette Mehlhorn: So weit der Regenbogen reicht – Farben bekennen. Religiöse Erwachsenenbildung in evangelischer Sicht, in: Hessische Blätter für Volksbildung (3/2001), 208-219.
42. Falk Wagner, Metamorphosen des modernen Protestantismus, Tübingen 1999, 72.

Zum Gottesdienst

Vorbemerkung

Beim hier vorliegenden Entwurf sind zwei musikalische Aspekte bestimmend: a) Es wird von einer bzw. einem improvisatorisch versierten Organisten bzw. Organistin und einer ebensolchen Sängerin bzw. einem ebensolchen Sänger ausgegangen b) Als Gemeindelieder – einschließlich der liturgischen Liedstücke – wurde eine Mischung aus Liedern der Reformationszeit und Liedern der Ökumene ausgewählt. Durch beides sollen Vielstimmigkeit und Entwicklungsoffenheit der reformatorischen Idee hörbar/singbar werden.

Eröffnung

mit frei improvisierter Orgelmusik, in der EG 362 anklingen kann.
In die ausklingende Musik hinein oder (nach Absprache mit dem/der OrgelspielerIn) direkt an sie angeschlossen sprechen Personen von verschiedenen Seiten des Raumes folgende verschiedene Übersetzungen von Römer 1,16-17 (es ist wichtig, mindestens zwei gute SprecherInnen auszuwählen – am besten Männer- und Frauenstimmen gemischt, die den Text klangvoll und deutlich in den Raum hinein sprechen):

Röm 1,16-17			
GUTE NACHRICHT 16. Zur Guten Nachricht bekenne ich mich offen und ohne Scheu. In ihr ist die Kraft Gottes am Werk	BERGER 16. Denn ich kann das Evangelium nicht verschämt für mich behalten, sondern will es frei	INKLUSIVE 16. Denn ich schäme mich nicht für die Gute Botschaft, da ja die Kraft Gottes für alle zur Ret-	STERN 16. Denn ich schäme mich der Guten Nachricht nicht, da sie Gottes mächtiges Werkzeug ist,

und rettet alle, die der Botschaft glauben und sie im Vertrauen annehmen – an erster Stelle die Glaubenden aus dem jüdischen Volk und dann auch die aus den anderen Völkern.	heraus und offen allen sagen. Denn wenn ich es verkündige, wirkt Gottes Kraft, und alle, die glauben, werden gerettet, zuerst die Juden, dann die Griechen.	tung wird, die der Botschaft glauben, zuerst für Jüdinnen und Juden, dann für Griechinnen und Griechen.	jedem, der im Vertrauen fest bleibt, die Erlösung zu bringen, dem Juden im Besonderen, doch ebenso dem Heiden.
17. In der Guten Nachricht macht Gott seine Gerechtigkeit offenbar: seine rettende Treue, die selbst für das aufkommt, was er vom Menschen fordert. Nur auf den vertrauenden Glauben kommt es an, und alle sind zu solchem Glauben aufgerufen.	Durch meine Verkündigung wird es möglich, dass ein Mensch für Gott als gerecht annehmbar wird, wenn er dem Evangelium glaubt. So schafft also der Glaube diese Gerechtigkeit. Und dass Gott so handelt, weckt selbst wieder neuen Glauben.	17. Denn das Gerechtigkeit schaffende Handeln Gottes wird durch die Gute Botschaft offenbar. Glaube ich ihr, führt dieser Glaube zu noch größerem Glauben,	17. Denn in ihr ist offenbart, wie Gott die Menschen in seinen Augen gerecht macht; und vom Anfang bis zum Ende geschieht das durch das Vertrauen –
So steht es ja in den Heiligen Schriften: »Wer durch vertrauenden Glauben vor Gott als gerecht gilt, wird leben.«	So steht es auch in der Schrift: »Der Gerechte ist gerecht, weil er glaubt.«	wie geschrieben steht: »*Die Gerechten aber werden leben, weil sie glauben.*«	wie die *Tenach* schreibt: »Der Mensch aber, der gerecht ist, wird sein Leben leben durch Vertrauen.«

Votum und Begrüßung

Übersetzung, sagt Klaus Reichert, ein »Papst des Übersetzens« ist eine unendliche Aufgabe. Übersetzen bedeutet je und je neu einen Text in den historischen Kontext stellen. Jede Übersetzung ist darum Auslegung, bedeutet, den Originaltext »weiterzuschreiben«. Wie verschieden das geschehen kann, haben wir eingangs gehört. Und ebenso verschieden sind die unterschiedlichen Möglichkeiten, die Schätze unserer Traditionen heute zu deuten, zu verstehen und sich im Handeln an ihnen zu orientieren.
»Ein Mann, der die Welt veränderte« – so wurde der letzte Lutherfilm in den Medien angekündigt. Der Predigttext zum Reformationstag gesellt diesem Mann eine Frau bei, die ähnlich mutig und ähnlich visionär wie er auftrat. Am Beispiel ihrer Geschichte fragen wir: Was bedeutet Reformation heute? Was könnte der Spruch von der *ekklesia semper reformanda* heißen?
Wir feiern Gottesdienst um unsere Überlegungen, Fragen und Ängste vor Gott zu bringen, denn wir wissen, dass Gott uns sorgend begleitet. Wir singen und beten im Vertrauen, dass in Jesus Christus Gott uns mitten in allen Umbrüchen zur Seite steht. Wir feiern im Sehnen und Rufen nach der Kraft Heiligen Geistes, die uns je und je neu auf den Weg bringt. Amen.

Lied: »Nun freut euch, lieben Christen g'mein« (EG 341,1-4)

Psalmgebet: Ps 46

Im Wechsel mit Sologesang oder musikalisch mit EG 362 unterlegt.
Als Respons: »Laudate omnes gentes« (EG 181,6)

Kyriegebet

Hier sind wir, Gott, mit dem, was uns bewegt:
Sorgen über die Zukunft unserer Gesellschaft
und unserer Kirche treiben uns um.
Private und berufliche Sorgen,
Fragen danach, wie es weitergehen wird.
Oft sind wir verzagt und kleingläubig.
Darum bitten wir: Erbarme dich.

Kyrieruf (EG 178.9; überliefert aus der Ukraine)

Zuspruch

Aus der Verheißung Gottes an Abraham auf dem Weg ins Unbekannte: »Ich will dich segnen und du sollst ein Segen sein«. (Gen 12,2)

Kollektengebet

Du, DU, Ewig und unaussprechlich
Du, DU, Grund und Ziel unseres Lebens
Unsere Zuflucht, unsere Burg, unser Schutz und Schirm:
Lass uns in Bewegung bleiben
Von DIR zu DIR
In den Spuren unserer Ahnen
Mit Blick auf den Horizont
Leite unseren Schritt
Durch Jesus Christus, der mit dir in der Einheit der Geistkraft lebt und das Universum durchdringt von Weltzeit zu Weltzeit. Amen.

Lesung: Jes 62,6-7.10-12

Als Halleluja EG 182 (überliefert aus den USA)

Lesung: Röm 3,21-28

Glaubensbekenntnis

Als Glaubensbekenntnis spricht die Gemeinde gemeinsam die Erläuterungen Luthers zum 3. Glaubensartikel oder ein Glaubensbekenntnis der Ökumene.
Alternativ: ein solistisch vorgetragenes gesungenes Glaubensbekenntnis.

Predigt

Was ist Reformation?
Was bedeutet Protestantismus?
Was erwarten wir von einer Evangelischen Kirche und ihren Gläubigen in einer Zeit der Umbrüche und Krisen?
Hier folgen drei bis vier kurze Statements von Gemeindegliedern zu dieser Frage. Diese Personen stehen auf und formulieren ihre Gedanken von ihrem Platz aus, zur Gemeinde gewendet.
Auf jeden Fall heißt Reformation: Auf die Vielfalt der Stimmen hören, die Einzelnen wahr- und ernst nehmen, aushalten, wenn dabei die Welt manchmal sehr

unübersichtlich scheint. Zugleich: Evangelisch auf gutem Grund stehen, sich dieses Grundes vergewissern, aus ihm Orientierung beziehen.
Worin finden wir diesen Grund?
Die klassisch reformatorische Antwort lautet: Im Wort Gottes. Das ist kein Fundamentalismus. Denn das Wort Gottes, die Bibel, ist kein eindeutiger monolithischer Block. Die Worte der »Heiligen Schrift« sind deshalb heilig, weil sie sich in die Zeiten hinein und mit den Zeiten wandeln. Sie wollen je und je neu in Zeit und Raum gesprochen und übersetzt werden. Menschen einer jeweiligen Epoche schreiben sie weiter, indem sie versuchen, sie zu verstehen. Wie groß diese Aufgabe ist, formuliert im jüngsten Luther-Film der Übersetzer: »Worte sind wie Kinder. Je mehr man sich um sie sorgt, umso mehr verlangen sie«. Erst, wenn wir uns in diesem Sinne um die Worte der Bibel sorgen, können die alten Texte für unser eigenes Leben fruchtbar werden.
Darin liegt ein Politikum. Denn die Art und Weise, WIE wir dieses Übersetzen, dieses Weiterschreiben der uralten Worte in unserem Reden und Handeln vornehmen, führt per se zu einer politischen Haltung. Die Übersetzung der Worte der Schrift ist keineswegs ausschließlich eine Frage des ganz privaten Lebensstils. Auch wenn eine säkularisierte Welt das gerne so sehen will. Doch mehr und mehr merkt man auch dort, welch wichtige öffentliche Rolle Religion spielt – im guten wie im schlechten Sinn. Und ohnehin ist, wie wir wissen, das »Private politisch«, denn mit unseren Umgangsformen, unserem Konsumverhalten, unserer Familienorganisation, unserer persönlichen Berufsethik prägen wir das gesellschaftliche Leben.
Warum war es für Luther Programm, die Bibel für alle zu übersetzen?
Warum schaute er dafür »den Leuten aufs Maul«, warum suchte er eine verständliche, eine zeitgemäße Sprache?
Weil er wusste, dass nur so die Menschen sich das Wort Gottes selbst zu Eigen machen können, es für sich selbst verstehen und daraus leben können. Weil er wusste, dass auch das Wort Gottes, wenn es in Händen und Mündern weniger bleibt, dem Nutzen weniger dient. »Gute Gründe« haben die Wenigen immer, alles für sich zu behalten.

Luther wusste um die demokratische Teilhabe, die das Wort ermöglicht. So, wie Frauen heute um die Teilhabe in Theologie und Gemeinde wissen, die erst dann eröffnet wird, wenn Gott nicht nur »Vater« und die Menschen nicht nur »Brüder« genannt werden. Frauen wissen: Solange Frauen nicht benannt werden, wenn von Gott und den Menschen die Rede ist, wird ihnen weiterhin die Gottesebenbildlichkeit abgesprochen.
Kein Wunder, dass solche Teilhabe »reformatorisch« genannt wird. Denn sie stellt – damals wie heute – überkommene Machtstrukturen in Frage. Kein Wunder darum auch, dass eine neue Bibelübersetzung – die Bibelübersetzung in »gerechte Sprache« – Furore macht.

Kein Wunder, dass viele dieses Unternehmen unpassend finden.
Dass manche sagen: »Was soll diese Vergeudung?«
Und andere: Das ist ein Vergehen, Anmaßung, ist Sünde!
Das Überraschende, das Neue, das Unvertraute wirkt oft unheimlich. Man kann sich nicht sicher sein, dass alles mit rechten Dingen zugeht. Zweifel sind ja auch angesagt. Der reformatorische Impetus hat immer etwas Anmaßendes. Denn er stellt das Vertraute, Bewährte in Frage. Gut ist es dennoch, dass mutige Vordenkerinnen sich den neuen Aufgaben stellen. So, wie jene Frau in dem Text, der für den Reformationstag als Predigttext vorgeschlagen ist:

Mk 14,3-9

[3]Als Jesus in Betanien im Haus Simons des Aussätzigen war und zu Tisch lag, da
kam eine Frau, die hatte ein Glas mit reinem und kostbarem Öl zum Salben. Sie
zerbrach das Glas und goss das Öl auf sein Haupt. [4]Da wurden einige unwillig
und sprachen zueinander: »Was soll diese Vergeudung des Salb-Öls? [5]Dieses
Öl hätten wir für mehr als 300 Denare verkaufen und das Geld den Bettelarmen
geben können.« Und sie fuhren die Frau an. [6]Aber Jesus erwiderte: »Lasst sie in
Frieden! Was betrübt ihr sie? Sie hat ein gutes Werk an mir getan. [7]Denn arme
Menschen habt ihr allezeit bei euch, und wenn ihr wollt, könnt ihr ihnen Gutes
tun; mich aber habt ihr nicht allezeit. [8]Sie hat getan, was sie konnte. Sie hat
meinen Leib im Voraus für mein Begräbnis gesalbt. [9]Amen – wahrlich, ich sage
euch: Überall auf der Erde, wo das Evangelium verkündet wird, da werden Menschen auch davon erzählen, was diese Frau heute getan hat – zu ihrem Gedächtnis werden Frauen, Männer und Kinder davon sprechen.«
Übersetzung von Irene Dannemann

Wie hatten Sie diese Geschichte in Erinnerung?
War da nicht von einer Sünderin die Rede?
Ging es nicht statt des Hauptes, das gesalbt wird, um die Füße?
Füße, die nach der Salbung mit langem Haar getrocknet wurden?
Von Maria, der Demütigen?

Falls Sie sich an solche Züge der Geschichte erinnern, liegen Sie nicht falsch: Die Geschichte von der unbekannten Frau, die es wagt, alle Regeln des Gastrechtes missachtend in eine geschlossene Gesellschaft einzudringen, ist nämlich schon in den Evangelien umgedeutet worden. Das liegt wohl daran, dass das, was hier geschildert wird, für damalige Ohren unerhört klang:
Markus erzählt von einer unbekannten Frau, die es wagt, sich über geltende Normen und Regeln hinwegzusetzen. Ein solches Verhalten wäre schon für einen Mann auffällig gewesen. Einer Frau stand es erst recht nicht zu: Sie bricht

ein, bricht mit den Gepflogenheiten, mit dem Hausrecht. Zur Überraschung aller salbt sie dann das Haupt Jesu mit kostbarem Öl. Damit vollzieht sie eine Handlung, die bis dahin nur von prophetischen Männern überliefert ist, die an königlichen Häuptern die rituelle Weihe/Heiligung vollzogen. Salbungen gab es ansonsten in heilenden Zusammenhängen oder an Toten. Diese namenlose Frau, diese »Nobody« vollzieht eine Geste, die weitgehend Männern vorbehalten ist (vor allem, wenn sie, wie hier, auf die Ehrwürdigkeit/Königlichkeit zielt). Die Kommentare der Anwesenden zeigen, als wie skandalös und auffällig ihr Verhalten erscheint. Sie sind unwillig, fahren die Frau an, werfen ihr Vergeudung vor. Doch Jesus heißt nicht nur ihre Tat gut, sondern interpretiert sie außerdem als prophetische Geste. Damit achtet er das, was sie tut, als theologisch visionäre Haltung, die als wichtiger eingeschätzt wird als die begleitenden karitativen Handlungen. Es geht hier also nicht primär um einen Akt der Nächstenliebe, erst recht nicht um typisch weibliche Fürsorglichkeit. Wiewohl die Zärtlichkeit und Sinnlichkeit, die aus der Szene sprechen, gerade wegen der machtvollen Grenzüberschreitungen von Bedeutung sind.

Wir wissen, spätestens heute, im Medienzeitalter und Showgeschäft, wie wichtig performative Gesten sind. Diese Frau handelt mit einer solchen Geste. Sie hat doppelten Hintersinn: Zum einen erhebt sie einen Deutungs- und damit einen Herrschaftsanspruch. Zum anderen wird durch ihre Zärtlichkeit ahnbar, was Gnade und Barmherzigkeit heißen könnten.

In der Anmaßung dieser Geste, in ihrer Unverschämtheit, lässt Markus Jesus sagen, hat die namenlose Frau visionär vorweggenommen, was später geschieht: Den Tod Jesu und zugleich das besondere Geheimnis, das darin liegt, dass er nicht das Ende ist. Die Unbekannte wird damit zur Trägerin zentraler christologischer Erkenntnisse.

Diese Anerkennung haben viele theologische Interpreten späterer Zeiten so nicht übernehmen wollen. Vielleicht, weil auch ihnen das Verhalten der Frau als anstößig erschien. So wird aus der prophetischen Kopfsalbung bei Johannes eine Fußsalbung (Joh 12,1-8). Später wird sie mit der »großen Sünderin« bei Lukas (7,36-50) identifiziert und die prophetische Geste zu einem Akt der Buße umgewertet.

Kann man von dieser Frau sagen, dass sie eine »Frau war, die die Welt veränderte« – wie es in den Ankündigungen des letzten Lutherfilms heißt?

Vielleicht hängt die Antwort auf diese Frage davon ab, was man unter Heldentum und großen Taten versteht. Sicher ist, dass in allen Traditionen aller Zeiten von Frauen erzählt wird, die sich mutig und visionär über die geltenden Normen ihrer Zeit hinwegsetzten. Reformatorinnen im besten Sinne. Es gibt sie bei uns – es gibt sie in anderen Religionen und Kulturen. Erst kürzlich ist eine von ihnen aus dem Schatten der Namenlosigkeit herausgetreten: Shirin Ebadi, die iranische Friedensnobelpreisträgerin im Jahr 2003.

Die unbekannte Frau in Mk 14 verkörpert also durch die Jahrhunderte hindurch das Bild der mutigen und visionären Frau, die an den Grenzen gesellschaftlicher Normen nicht Halt macht. Was könnte ihre Botschaft für uns alle, Frauen und Männer sein? Wie übersetzen wir ihre reformatorische Geste in unsere Zeit? Nun – was sie für Frauen bedeutet, erzählt schon die Geschichte: Einzudringen in geschlossene Gesellschaften, gegen alle Maßstäbe von Sittsamkeit und Bescheidenheit einen Herrschafts- und Deutungsanspruch zu erheben, fällt den meisten von uns auch heute noch nicht leicht. Und für Männer? Auch für sie gibt es Wege, Normvorstellungen hinter sich zu lassen, das Ungewöhnliche zu wagen. Können Männer wirklich »nicht zuhören«, wie ein Klassiker auf dem Buchmarkt suggeriert? Sind sie wirklich weniger geeignet, für ihren Nachwuchs Sorge zu tragen, als die angeblich biologisch dafür vorgesehenen Frauen? Was geschieht, wenn ein Vater Erziehungsurlaub nimmt? Leider gehört sogar diese absolut verständliche Entscheidung heute noch zu den mutigen, den reformatorischen Gesten und wird durchaus nicht von allen Chefs und Kollegen verstanden.

Gehen wir noch einmal den Symbolen im biblischen Text nach: Welche Bedeutung hat das »kostbare Öl«, mit dem die Frau Jesus salbt? Wie wirkt ihre visionäre Geste auf uns, heute, zum Reformationsgedenken? Interessant finde ich, wie Jesus hier über Mildtätigkeit spricht. Nicht gegen Zuwendung an die Armen geht seine Rede. Im Gegenteil: Mildtätigkeit wird als etwas Selbstverständliches angesehen, etwas, das den Gebenden gut tut(!). Ihm geht es um die Notwendigkeit und das Recht auf »mehr«. Darin liegt die königlich-prophetische Geste, die auf den Christus verweist. Dieser steht für alle Leidenden und Armen. In ihm haben alle Diskriminierten, Leidenden und Armen dieses Recht auf MEHR.
Musikalischer Vorschlag: Um die Formel zu meditieren, in der diese Textaussage formuliert wird, liegt hier eine musikalisch-vokale Interpretation von Vers 7 nahe.

Reformation unserer Kirche, unserer Gesellschaft, was müsste das heißen?
Uns allen ist klar: Es gibt weniger zu verteilen als früher. Wie müsste verteilt werden, damit dem reformatorischen Geist gleichberechtigter Teilhabe entsprochen wird?
Sehen wir im Öl jenes »Mehr« des Glaubens, das im reformatorischen Schlüsselsatz der Rechtfertigung als Weg zur Freiheit im Glauben formuliert wird. Was bedeutet diese Freiheit in knapperen Zeiten? Wie können wir uns so verhalten, dass wir in diesen Zeiten nicht auf die Wahrung angestammter Rechte und Besitzstände beharren oder gar begonnene Reformen zurückschrauben, sondern solchen Versuchungen die Freiheit des Glaubens und unsere Visionen entge-

gensetzen? »Und wenn die Welt voll Teufel wär« – wenn andere uns Vergeudung vorwerfen würden – was würden wir dann wie tun? Sind wir in der Lage, die Grenzen geltender Normen zu überschreiten, unsere Freiheit wahrzunehmen auch gegen den Protest oder die Ablehnung derer, die sich dadurch provoziert fühlen? Welche Inhalte und welche Formen des PROTESTantisch-Seins in unserer Gesellschaft brauchen wir, um unserem Glauben treu zu bleiben?

Noch mal: Das Prophetische an dieser Frau:
- Sie überschreitet die Grenze der Anständigkeit.
- Sie macht etwas Unübliches, Überraschendes.
- Sie nimmt das Leiden und seine Überwindung vorweg.
- Sie schenkt im Überfluss aus.

Wir versuchen zu übersetzen. Wir versuchen, der »unendlichen Aufgabe« gerecht zu werden, das Wort Gottes, »das Fleisch ward und unter uns wohnt« für unsere Zeit und in unsere Zeit hinein weiterzuschreiben. In die vielen Stimmen, die teilhaben wollen, die gehört werden wollen. Die zur Sprache und zu ihrem Recht kommen wollen. Gott gebe uns den Mut dieser Frau, dies auch gegen Widerstände und Konventionen zu tun.

Lied: »O komm, du Geist der Wahrheit« (EG 136,1-2.4)

Schlussgebet als Liedruf: »Höre, höre uns, Gott« (EG Hessen 565; überliefert aus Korea)

Danke dir, Gott:
Du hast dich uns Menschen zugewandt. Du bist nicht mystischer Urgrund oder anonymes Schicksal geblieben. Du hast dich in Sprache übersetzt, bist zugänglich und ansprechbar geworden. So sprechen wir dich an und bitten dich: Öffne unsere Herzen und Ohren, dass wir dein Leben schaffendes und befreiendes Wort hören in der Vielzahl der Worte. Öffne unseren Mund, dass wir vor dich bringen, was uns bewegt; dass wir deine Güte bezeugen und untereinander Verständigung suchen.
Wir bitten dich: Höre uns.

Du, Gott, mutest uns den Aufbruch zu aus verkrusteten, auch lieb gewordenen Verhältnissen. Im Vertrauen auf deine Verheißungen müssen wir nicht stehen bleiben. Schenke uns die Kraft und den Mut, Neues zu wagen und Grenzen zu überschreiten. Zeig uns, wie wir in unserem Reden und Handeln zu reformatorischen Vorbildern neuer Visionen werden.
Wir bitten dich: Höre uns.

Du bist gegenwärtig in den geringsten Brüdern und Schwestern. Hilf uns, dass wir sie nicht aus den Augen verlieren, dass wir die Kriterien unseres Handelns an ihnen ausrichten im privaten Leben, in der Kirche, in der Politik; hilf uns, dass wir selbst nicht verloren gehen, wenn auch wir zu ihnen gehören.
Wir bitten dich: Höre uns.

Wir bitten dich für deine Kirchen in aller Welt – dass sie Orte sind, an denen Menschen Kraft gewinnen für ihr Leben, an denen die bedrohte Welt im Horizont deiner Liebe Hoffnung gewinnt.
Höre uns, Gott, höre uns.
Hermann Düringer und Annette Mehlhorn

Lied: »Verleih uns Frieden« (EG 421)

Buß- und Bettag
Das Evangelium nach Matthäus 5,17-20

Marlene Crüsemann und
Silke Alves-Christe

Zum Text

Mt 5,17-20

(Jesus spricht:) [17]»Denkt nicht, ich sei gekommen, die Tora und die prophetischen Schriften außer Kraft zu setzen! Ich bin nicht gekommen, sie außer Kraft zu setzen, sondern sie zu erfüllen. [18]Amen, wahrhaftig, ich sage euch: Bis Himmel und Erde vergehen, wird von der Tora nicht der kleinste Buchstabe und kein einziges Häkchen vergehen, bis alles getan wird.
[19]Wer nun ein einziges dieser Gebote außer Kraft setzt, und sei es nur das kleinste, und die Leute entsprechend lehrt, wird klein gelten im Himmelreich. Aber wer sie tut und lehrt, wird groß genannt werden im Himmelreich. [20]Denn ich sage euch: Wenn eure Gerechtigkeit nicht über die schriftgelehrte und pharisäische Gerechtigkeit weit hinausgeht, dann werdet ihr nicht in das Reich der Himmel kommen.«
Übersetzung von Marlene Crüsemann

Am Buß- und Bettag erinnern wir uns an das Gericht Gottes über all unser Tun und Reden. Für das Gericht gibt es im Neuen Testament Maßstäbe. Nicht nur im Matthäusevangelium, aber dort besonders eindrücklich, ist das die Tora: Im Gerichtsgleichnis von den Böcken und den Schafen (Kapitel 25) geht es um die Taten der Barmherzigkeit und Liebe an den Nächsten gemäß der Tora. Am Ende der Bergpredigt schärft Jesus ein, dass es um das Tun geht, nicht um ein bloßes »Herr, Herr«-Sagen, welches Gesetzlosigkeit bedeutet (Mt 7,21ff.). Und fast an ihrem Anfang, nach den Seligpreisungen und dem Wort über die Nachfolgenden, sie sollten Salz der Erde und Licht der Welt sein, steht quasi als Überschrift über die gesamte anschließende Lehre Jesu, dass diese auf keinen Fall als Auflösung, als Außerkraftsetzung von Tora und prophetischen Schriften gedacht ist. Tora und prophetische Schriften bedeutet die Gesamtheit der alttestamentlichen Bücher und somit insbesondere die jüdische Tora, Haggada und Halacha, die Geschichten und die ethischen Weisungen der fünf Bücher Mose. Das heißt nichts anderes, als dass jedes Wort der Lehre Jesu als ein Beitrag zur Aufrich-

tung der Tora zu gelten hat. Die Bejahung der Tora in all ihren Einzelheiten entscheidet über den Rang im Himmelreich (Mt 5,19f.). Es ist wichtig zu bemerken, dass hier Richtlinien für die Weitergabe der Lehre Jesu formuliert werden, also für eine christliche Lehre: Christliche Lehre, die die Tora auflösen und abschaffen will, ist nach der Bergpredigt nicht die Lehre Jesu. Deren Verkünder werden im Himmelreich nachrangig behandelt oder gar von Jesus verleugnet und vertrieben (Mt 7,23). Das ist das Gericht.
Der zentrale Ort christlicher Lehre ist der Gottesdienst. Wird hier nun gelehrt, dass Jesus nicht gekommen sei, die Tora abzuschaffen? Ein Blick auf die evangelische Perikopenauswahl zeigt, dass man hier eher die hinteren Plätze im Himmelreich anstrebt oder Gefahr läuft, vom Herrn am Ende nicht wieder erkannt zu werden. Denn Mt 5,17-20, also die Präambel der Weisungen Jesu, und auch die parallele Schlussmahnung Mt 7,21-23 sind offiziell kein Predigttext (übrigens auch nicht das Wort zum »Mammon«: »Ihr könnt nicht Gott dienen und dem Geld!« – Mt 6,24 wurde zwischen den Predigtperikopen Mt 6,19ff. und Mt 6,25ff. quasi herausgeschnitten), während sonst fast die ganze Bergpredigt zur Sprache kommt. Also sollen die Worte Jesu von der Gültigkeit der Tora, so ist die Perikopenauswahl zu interpretieren, im deutschen evangelischen Gottesdienst weder gepredigt noch auch nur vorgelesen werden. Nach Mt 5,19 sollte aber ein kirchenamtlicher Vorgang wie die Perikopenfestlegung nicht der letzte Maßstab sein, sondern der Horizont des göttlichen Gerichts und damit die Lehre Jesu von der Dignität der Tora. Die einzelnen Predigenden dürfen sich ruhig nach Größe im Himmelreich sehnen und Mt 5,17-20 verkünden, um nicht fortzufahren, das Salz aus dem Evangelium zu entfernen.
Der aus dem Text an sich klar hervorgehende hohe Stellenwert der Tora in der Lehre Jesu hat der christlichen Auslegungsgeschichte wegen eben dieser Direktheit seit jeher Kopfzerbrechen bereitet. Ein großer Teil hat sich mit viel Scharfsinn darum bemüht, ihn zu relativieren.[43] Erst in jüngerer Zeit wurden die Verse 5,17-20, die bis dahin oft »zu den schwierigsten des Evangeliums«[44] gehörten, aus einem Deutungsschema befreit, das sich in der protestantischen Exegese aus der Engführung eines torafeindlichen Paulusverständnisses ergab, welches die Auslegung aller neutestamentlichen Texte färbte. Es wurde möglich, Jesus innerhalb der anderen jüdischen Lehrdiskussionen seiner Zeit verstehen zu lernen, wobei das Matthäusevangelium betont, dass seine Toratreue der von nahen innerjüdischen Konkurrenzgruppen, der pharisäischen und schriftgelehrten, in nichts nachgestanden haben soll, im Gegenteil.[45] Die in Mt 5,20 verlangte größere Gerechtigkeit ist nicht gegen das pharisäische und schriftgelehrte Bemühen um gerechte Lehre und Lebensführung gerichtet, sofern diese wirklich in die Tat umsetze, was sie verkünde. Das ist der Kern der Auseinandersetzung von Mt 23,1ff., die keine antijüdische, vielmehr eine genuin jüdische zu nennen ist. Es ist ein Streit um die größere Toratreue, in dem die jüdisch-christ-

liche Seite das verwirklichende Tun betont. So liegt auch in Mt 5,17ff. mit den Stichworten »erfüllen«, »bis alles getan wird« und dem »wer sie tut und lehrt« der Akzent auf dem Handeln, wie bereits bei der Taufe durch Johannes beider Tun der Gerechtigkeit im Mittelpunkt steht (Mt 3,15).
Vielleicht war es die protestantische Scheu vor dieser durchgehenden Betonung des Tuns im Matthäusevangelium, welche die Interpretation der so genannten »Antithesen« (Mt 5,21-48) tendenziell zur Aufhebung ihrer Präambel geraten ließ, jedoch gegen deren ausdrücklichen Wortlaut: »Meint nicht, ich sei gekommen, die Tora außer Kraft zu setzen ...« (Mt 5,17). Diese »Antithesen« sollten aber besser »Kommentarworte« genannt werden,[46] denn sie sind gemäß der Präambel als »Erfüllung« der Gebote Gottes in Tora und Propheten gedacht. Das dabei zugrunde liegende Bild vom Füllen eines Gefäßes macht deutlich, dass es gerade nicht um eine Umgestaltung des Gefäßes selbst – vergrößern, erweitern, verengen – gehen kann: »Mit dieser trivialen Bemerkung fallen sämtliche Deutungen dahin, welche darauf hinauswollen, dass Jesus das unvollkommene Gesetz habe vervollständigen oder ergänzen oder durch geistige Umdeutung habe vervollkommnen wollen«[47]. Vielmehr bietet Jesus mit seiner Toraauslegung eine Halacha, seine Konkretionen zur Lebensführung, in die nach Mt 28,19f. auch die nichtjüdischen Völker eingewiesen werden sollen. Der gewichtige Schluss des Evangeliums betont ebenfalls, dass die Lehre Jesu als eine Lehre weiterzugeben ist, die getan werden soll (Vers 20). »Auch die Menschen aus der Völkerwelt werden also in den Geltungsbereich der Tora hineingestellt ... Damit öffnet er die innerjüdische Diskussion auf die Völker hin und weist diese ein in seine Halacha«[48].
Erfüllung der Tora heißt auch, dass von ihrer Fülle nichts verloren gehen soll, nicht die winzigste Einzelheit, »der kleinste Buchstabe und kein einziges Häkchen« (Mt 5,18). Dabei kann das hebräische Jod oder Waw gemeint sein. Es steht für jedes auch noch so kleine Detail der Tora. Martin Vahrenhorst macht in diesem Zusammenhang auf eine tannaitische Erzählung aufmerksam, wonach das Buch Deuteronomium darüber klagt, dass der König Salomo ihm ein Jod weggenommen habe (Wayiqra Rabba 19,2). Er habe sich nicht an das Königsgesetz in Dtn 17,6f. gehalten: »Das beschreibt der Midrasch als ›Wegnehmen des Jod‹«[49]. Die rahmenden Wendungen »bis Himmel und Erde vergehen« und »bis alles getan wird« (Mt 5,18) signalisieren sowohl die zeitlich unbegrenzte Geltung der Tora als auch die Erwartung ihrer umfassenden tätigen Erfüllung: »Die Tora hat Bestand und ist vollständig zu tun«[50].
Entgegen dem Taufbefehl Jesu in Mt 28,18ff., der ebenso ein »Lehrbefehl« der Tora für die Völkerwelt ist, hat das Christentum im Laufe seiner Geschichte die »Häkchen« sowie den größten Teil der Tora für irrelevant erklärt. Es kann sich daher seiner Stellung im Himmelreich überhaupt nicht sicher sein. Das gesetzestreue Judentum hingegen wäre vor dem Hintergrund dieser Worte Jesu groß

im Himmelreich. Es hat die Tora durch alle schrecklichen Zeiten der Zerstreuung und Verfolgung – geschehen durch unsere christlichen Väter und Mütter! – buchstäblich bewahrt: als Gottes Weisung zum Leben, als Anweisung zu Gerechtigkeit und Barmherzigkeit für jeden Tag.
Durch die Trennung vom Judentum ist die Christenheit aus dieser Tradition der Toraliebe weitgehend ausgestiegen. Es ist fraglich, ob die »kleinsten Buchstaben« durch den großen Traditionsabbruch noch in unserer Reichweite liegen, aber doch viel mehr als das, was auch die protestantische Tradition mit Luther für bewahrenswert hielt, die zehn Gebote. Denn in ihnen ist nur ein Bruchteil der Errungenschaften der Tora Israels enthalten, die den Völkern zu jeder Zeit zugute kommen können – und zwar zumindest durch das Tun, wenn bisher auch wenig durch die Lehre. Wichtige Grundsätze und Einzelgebote der Tora sind auf Umwegen, nämlich ausgehend von der politischen Praxis kirchlicher und nichtkirchlicher Gruppen als Maxime und Ausdruck des Willens Gottes für die sozialen Probleme der Gegenwart wieder entdeckt worden: Asylrecht und Fremdenliebe, gerechte Wirtschaftsgesetze durch Abgaben der Reichen und Entschuldung der Armen durch Sabbat- und Jobeljahr, Schutz der Einzelnen vor familiärer Gewalt, Opfer- und Täterausgleich in der Rechtsprechung, Schutz von Tieren und Natur.[51]
Was wäre Buße, wenn wir nicht zu Jesu Lehre zurückkehren wollten: Die Tora Gottes darf nicht aufgelöst werden. Sie bleibt, bis Himmel und Erde vergehen – und: Die Orientierung an ihrem Geist und Buchstaben bewahrt davor, dass Himmel und Erde – und auf ihr das Leben – vergehen.

Marlene Crüsemann

---

43. Siehe den Forschungsbericht zum Thema Tora im Matthäusevangelium von William R.G. Loader: Jesus' Attitude towards the Law. A Study of the Gospels (WUNT II/97), Tübingen 1997, 137-154.
44. So Ulrich Luz: Das Evangelium nach Matthäus (Mt 1-7) (EKK I/1), Zürich u.a. 1985, 230.
45. Eine überzeugende Untersuchung zur Halacha Jesu nach Mt als Teil der innerjüdischen Gesetzesdiskussion (am Beispiel des Schwurwortes Mt 5,33ff., aber auch weit darüber hinaus und grundlegend zu allen Aspekten der Toraauslegung Jesu nach Mt) bietet Martin Vahrenhorst: »Ihr sollt überhaupt nicht schwören«. Matthäus im halachischen Diskurs (WMANT 95), Neukirchen-Vluyn 2002; zu 5,17-20 s. bes. 234-249.
46. Ein Vorschlag von Klaus Haacker, in: Feindesliebe kontra Nächstenliebe? Bemerkungen zu einer verbreiteten Gegenüberstellung von Christentum und Judentum, in: Frank Matheus (Hg.): Dieses Volk schuf ich, dass es meinen Ruhm verkünde (FS Dieter Vetter), Duisburg 1992, 47-50, 49; vgl. Vahrenhorst, a.a.O., 219 sowie dessen folgende diesbezügliche Auslegung. Zur Verortung der Torauslegung Jesu in Mt 5 – gerade auch seiner einleitenden Worte »Ich aber sage euch ...« – innerhalb rabbinischer Lehrdiskussionen s.a. Hubert Frankemölle: Matthäus-Kommentar 1, 2. Aufl., Düsseldorf 1999, 226ff.; Franz Zeilinger: Zwischen Himmel und Erde. Ein Kommentar zur »Bergpredigt« Matthäus 5-7, Stuttgart 2002, 71ff. Eine allgemein verständliche Zusammenstellung von Günther B. Ginzel: Die Bergpredigt: jüdisches und christliches Glaubensdokument, Heidelberg 1985, bietet rabbinische und alttestamentliche Parallel- und Gesprächstexte zur Bergpredigt, die ihre jüdische Einbettung belegen.
47. Theodor Zahn: Das Evangelium nach Matthäus (KNT 1), 4. Aufl., Leipzig u.a. 1922, 213; vgl. Vahrenhorst, a.a.O., 238f.

48. Vahrenhorst, a.a.O., 275f.
49. A.a.O., 243, Anm.153.
50. A.a.O., 245.
51. Zu exegetischen Grundlegungen und weiteren Aktualisierungen s. Frank Crüsemann: Maßstab: Tora. Israels Weisung für christliche Ethik, Gütersloh 2003.

Zum Gottesdienst

Votum

Am Buß- und Bettag erinnern wir uns daran, dass wir unsere Gottesdienste nicht in unserem eigenen Namen feiern.
Wir feiern diesen Gottesdienst im Namen Gottes;
Gott gibt unserem Leben und unserer Welt Weg-Weisung.
Im Namen Jesu Christi;
Jesus Christus hat uns gelehrt und uns vorgelebt, wie wir miteinander leben können.
In der Kraft Heiligen Geistes, die uns Wege der Umkehr zu Gott und zueinander eröffnet.

Psalmgebet: Ps 1

1Glücklich sind die Frau, der Mann,
die nicht nach den Machenschaften der Mächtigen gehen,
nicht auf dem Weg der Gottlosen stehen
noch zwischen Gewissenlosen sitzen.
2Sondern ihre Lust haben an der Weisung GOTTES,
über diese Weisung murmeln Tag und Nacht.
3Wie Bäume werden sie sein,
gepflanzt an Wasserläufe,
die ihre Frucht bringen zu ihrer Zeit,
und ihr Laub welkt nicht.
Was immer sie anfangen, es führt zum Ziel.
4Nicht so die Machtgierigen:
Wie Spreu sind sie,
die ein Wind verweht.
5Darum bestehen Machtgierige nicht im Gericht,
Gottlose nicht in der Gemeinde der Gerechten.
6Ja, auf den Weg der Gerechten gibt GOTT Acht,
der Weg der Machtgierigen aber verliert sich.
Übersetzung von Michaela Geiger

Kyrie

Wir stehen vor Gott und sehen uns so, wie wir sind:
Gott, du schenkst unserem Leben Wegweisung durch dein Wort.
Wir aber suchen uns unsere Lieblingstexte aus, bleiben bei ihnen stehen und verschließen uns vor der Weite deines Wortes.
Wir nehmen gern an, was uns gerade passt, und schotten uns ab vor dem, was unbequem klingt.
Wir lassen dich nicht an alles heran, sondern bewahren uns Tabuzonen, in die dein Wort nicht dringen soll.
Wir wählen uns die angenehmen Bibelstellen aus, die unsere Positionen unterstützen, und lassen uns nicht gern in Frage stellen.
Merken wir überhaupt, dass wir so in einer Sackgasse stecken bleiben und die Weite verlieren, die du unserem Leben schenken willst?
Festgefahren in der Enge unserer Gedanken rufen wir dich an um Erbarmen:
»Kyrie, Kyrie, Kyrie eleison« (EG 178.14)

Gloria

Die Gnadenzusage Gottes hören wir in Worten aus Ps 19, Verse 8-11:
Sie ist ein Loblied auf die Weg-Weisung Gottes und die Wohltaten, die sie uns schenken will, unserer Seele, unserem Herzen, unseren Augen:

Ps 19,8-11

8 Die Weisung GOTTES ist vollkommen,
sie bringt Lebendigkeit zurück.
Die Verpflichtung GOTTES ist zuverlässig,
sie macht Unerfahrene weise.
9 Die Anordnungen GOTTES sind richtig,
sie erfreuen das Herz.
Die Gebote GOTTES sind klar,
sie lassen die Augen leuchten.
10 Die Verehrung GOTTES ist rein,
sie hat Bestand auf Dauer.
Die Gesetze GOTTES sind verlässlich,
gerecht sind sie allesamt.
11 Begehrt sind sie,
mehr als Gold, als edelstes Erz,
süßer als Sirup und Bienenhonig.
Übersetzung von Michaela Geiger

Kollektengebet

Gott, das klingt nach verkehrter Welt: Weisung bringt Lebendigkeit, Anordnungen erfreuen das Herz, Gebote lassen die Augen leuchten, Gesetze sind süßer als Honig.
Halten wir nicht genau das Umgekehrte für wahr?
Aber wir sehnen uns doch nach Lebendigkeit, Freude und erleuchteten Augen.
Nimm uns mit zu neuen Entdeckungen.
Darum bitten wir durch Jesus Christus, der unser Lehrer und Bruder geworden ist.

Lesung: Ex 23,1-13

LektorIn: Wir hören einen Abschnitt aus den Büchern der Weisung, aus der Tora des Mose.
[1]Du sollst keine Gerüchte aufbringen; fördere nicht das Verbrechen, indem du falsche Aussagen machst. [2]Lass dich nicht von der Mehrheit zum Bösen verleiten. Wenn du vor Gericht aussagst, lasse dich nicht von der Mehrheit bestimmen, das Recht zu beugen. [3]Aber auch sozial Schwache sollst du in ihrem Prozess nicht bevorzugen.
[4]Wenn du ein streunendes Rind oder einen streunenden Esel deines Feindes oder deiner Feindin triffst, dann bringe ihnen das Tier schnurstracks zurück. [5]Siehst du den Esel deiner Gegner daliegen unter seiner Last, darfst du sie unter keinen Umständen im Stich lassen. Helfen sollst du ihnen! [6]Das Recht deiner armen Mitbürgerinnen und Mitbürger darfst du im Gerichtsverfahren nicht beugen. [7]Halte dich fern von lügnerischen Machenschaften. Unschuldige und gerechte Menschen darfst du nicht zum Tode verurteilen. Ich jedenfalls decke solches Unrecht nicht. [8]Bestechungsgeschenke darfst du nicht annehmen. Derartige Geschenke machen Sehende zu Blinden und verfälschen den Spruch von sonst ehrlichen Richtern und Richterinnen. [9]Ausländer und Ausländerinnen sollst du nicht ausbeuten. Ihr wisst doch, wie ihnen zu Mute ist. Denn in Ägypten seid ihr in derselben Lage gewesen.
[10]Sechs Jahre sollst du deinen Acker bestellen und die Ernten einbringen. [11]Doch im siebten Jahr sollst du ihn brachliegen lassen. Die Armen unter euch sollen davon leben, und was übrig bleibt, fressen die Tiere. So sollst du auch mit deinem Weinberg und deinen Olivenhainen verfahren. [12]Sechs Tage lang sollst du für deinen Lebensunterhalt arbeiten. Aber am siebten Tag sollst du alles liegen lassen, damit auch dein Rind und Esel ausruhen können und Sklavin und Sklave sowie Gastarbeiter und Gastarbeiterin sich erholen. [13]Im Übrigen richtet euch nach allem, was ich euch mitgeteilt habe. Die Namen anderer Götter nehmt nicht in den Mund!
Übersetzung von Erhard S. Gerstenberger

Hallelujavers

Dein Wort ist meines Fußes Leuchte und ein Licht auf meinem Wege. Halleluja!

Vorschlag zur Predigt

Möglicher Anfang

Im Bücherschrank meines Arbeitszimmers stehen zwei prall gefüllte Ringbücher in zartlila. Es ist die Rechtssammlung meiner Landeskirche, sehr viel umfangreicher als die Bibel. Neulich saß ich wieder eine Stunde oder mehr, um die neusten Ergänzungslieferungen einzuheften. Zum Glück wird dazu immer eine genaue Anweisung mitgeliefert, welche Seiten auszutauschen oder zu ergänzen sind, damit keines dieser Gesetze und kein Paragraph verloren geht. Ich will mich nicht darüber lustig machen. Ich muss sogar im Gegenteil bekennen, dass ich diese Rechtssammlung oft durchaus hilfreich finde. Nicht selten habe ich für knifflige Fragen dort eine Lösung gefunden und war dankbar, dass ich nicht für jedes auftauchende Problem selbst herausfinden musste, wie nun am besten vorzugehen sei.
Aber zu denken geben sie mir schon – diese beiden dicken Ordner. Denn ich gehöre zu einer Kirche, die sehr viel Wert darauf legt, nicht gesetzlich zu sein. Das Wort »gesetzlich« ist mir von Kindesbeinen an vertraut als ein besonders hartes und scharfes Schimpfwort. Gesetzlich – das ist sozusagen das falscheste, was man nur sein kann. Evangelisch sein und gesetzlich sein – das passt überhaupt nicht zusammen. Gesetzlich – so wurde es mir in meiner kirchlichen Sozialisation beigebracht – sind immer nur die anderen: die Katholiken vielleicht, ganz sicher aber die Juden, die einfach nicht einsehen wollen, dass man sich Gottes Liebe nicht verdienen kann, auch nicht mit noch so treuer Erfüllung des Gesetzes.

Zum weiteren Verlauf

Die Verse im Anfangsteil der Bergpredigt, die unser heutiger Predigttext sind, stellen dieses mir anerzogene Denkschema radikal in Frage. Gerade so sind sie ein geeigneter Text für den Gottesdienst am Buß- und Bettag. Der Buß- und Bettag rüttelt in besonderer Weise dazu auf, nicht andere, sondern mich in meiner Haltung in Frage zu stellen.
Dazu eignet sich ein Text, der bisher gar nicht in den Predigt- und Lesungstexten vorkam und darum nicht zum Vertrauten, Verinnerlichten, Abgehakten gehört, besonders gut. Im Blick auf die angebliche Gesetzlichkeit der jüdischen Religion hat die evangelische Kirche in den letzten Jahrzehnten zu einem Umdenken und zu einer Umkehr gefunden. Sie hat z. B. gelernt, dass Tora nicht

angemessen mit »Gesetz« zu übersetzen ist, sondern mit »Weisung«. Sie hat im christlich-jüdischen Dialog erfahren, dass das Judentum nicht darauf festgelegt werden kann, es wolle sich durch Gesetzestreue die Gnade Gottes verdienen, und dass es unangemessen ist, die »Gesetzlichkeit« des Judentums als Negativfolie gegenüber der christlichen »Gnade« zu benutzen.

Dieses Umdenken, diese Neubesinnung kann auf verschiedene Weise dargestellt werden, am besten so, wie die Predigerin oder der Prediger sie für sich selbst vollzogen hat:

- als theologische Entdeckung
- in der Wahrnehmung Jesu als Jude, der mit der Tora Gottes lebt
- aus der Begegnung mit Jüdinnen und Juden heraus
- über die Schilderung des Festes Simchat Tora – »Torafreude«, an dem Juden eine sehr andere Haltung zur Tora feiern als die, auf die die Kirche sie lange festgelegt hat.

Aber selbst für Christinnen und Christen, die ein vorurteilsfreies, faires, vielleicht sogar geschwisterliches Verhältnis zum Judentum gefunden haben, ist dieser Text aus dem Anfang der Bergpredigt eine Zumutung, die nun herausgearbeitet werden müsste: Diese Verse fordern dazu auf, sich dem Judentum gerade da zu nähern, wo sich die Kirche immer von ihm abgegrenzt hat. Sie fordern Gehorsam gegenüber dem Gesetz vom Sinai. Sie fordern uns im Grunde auf: Seid gesetzlich! – Wie entsetzlich! Das widerspricht doch allem, was wir von Gottes unverdienter Gnade gehört und verinnerlicht haben!

Diesem Entsetzen könnten Beispiele entgegengesetzt werden, wie wir selbst oder wie andere Menschen Gesetze als hilfreich erleben, als Sicherheit, als Schutz vor Ungerechtigkeit und Willkür.

Das können Beispiele aus der Rechtssammlung der Landeskirche sein, die Gleichbehandlung und Rechtssicherheit in kirchlichen Lebenszusammenhängen garantieren.

Das können Beispiele aus dem Lesungstext sein, etwa die Weisung zum Schutz der Armen, und die Frage, ob die so genannten sozialen Reformen in unserem Land den Armen noch den Schutz bieten, den Gott für sie fordert.

Oder über Rind und Esel, die in der Schriftlesung erwähnt werden, die Frage, ob wir unsere Umwelt als von Gott geschaffene Mitwelt wenigstens vor Grausamkeiten schützen.

Möglicher Schluss

Gesetzlich sein: Könnte diese Haltung, von der ich immer gelernt hatte, sie würde der Gnade Gottes ins Gesicht schlagen – recht verstanden nicht gerade dazu verhelfen, dass unsere Mitmenschen, ja alle Mitgeschöpfe, die Gnade Gottes erfahren? Welche Wohltat wäre es, wenn z.B. Tiere nicht länger ihrer Würde als

Gottesgeschöpfe beraubt oder wenn Christinnen und Christen zu brisanten gesellschaftlichen Themen wirklich Notwendendes beitragen würden?
Vor lauter Angst, nur ja nicht gesetzlich zu sein, hat die Kirche über Jahrhunderte die Weisung Gottes in den Wind geschlagen und zu vielen Themen, die Menschen unter den Nägeln brennen, entweder geschwiegen oder unqualifizierte, von eigenen Interessen geleitete Äußerungen beigetragen.
Welche Wohltat wäre es, wenn die Kirche sich nicht einzig als Hüterin der Moral zu Wort meldet, sondern die Weisungen Gottes wieder entdeckt und zur Sprache bringt, die in Tora und Propheten schon Jahrtausende bereitgehalten werden.
Dann könnte nämlich die Kirche, statt in der Sozialmoral dem Zeitgeist zu huldigen, Seite an Seite mit dem Judentum bei gesellschaftlich relevanten Themen konstruktiv und geistvoll Wege aus der Misere weisen. Armut und Reichtum, Krieg und Frieden, Umgang mit Fremden und Flüchtlingen, Arbeit und Ruhe, Bewahrung der Schöpfung: zu diesen und vielen weiteren Lebens- und Überlebensfragen könnte die Kirche in der Tora einen wertvollen Maßstab finden. Sie müsste nur den Mut haben, in diesem Sinne »gesetzlich« zu sein und die Weisung Gottes für diese Welt nicht weiter totzuschweigen. Das Wort Jesu: »Amen, wahrhaftig, ich sage euch: Bis Himmel und Erde vergehen, wird von der Tora nicht der kleinste Buchstabe und kein einziges Häkchen vergehen, bis alles getan wird« ist keine Drohung, sondern mit diesem Wort eröffnet Jesus uns Orientierung und Perspektive, die wir uns zu schade waren, auch nur wahrzunehmen. Bis Himmel und Erde vergehen, dürfen wir dieser Erde die Perspektive des Himmels nicht weiter vorenthalten.

Fürbitten

Gott, du lässt deine Schöpfung, die Welt, uns Menschen, die Tiere und Pflanzen, nicht einfach so ins Ungewisse treiben.
Du weist uns in aller Gefährdung einen Weg, wie wir Gewalt und Krieg vermeiden können, wie wir unsere Mitwelt vor Verletzung und Zerstörung bewahren können.
Wir danken dir, Gott, für die Tora vom Sinai, für all die guten Lebensregeln, die Gerechtigkeit und Frieden unter uns schaffen und erhalten wollen.
Wir danken dir für die kritische Stimme der Prophetinnen und Propheten, die unermüdlich die Rechte und Würde einfordern, die wir aus Eigennutz und Bequemlichkeit unseren Mitmenschen und den Tieren und Pflanzen verweigern.
Wir danken dir, dass Jesus Christus uns deine Liebe ganz nah gebracht hat und uns den Weg eines liebevollen und friedlichen Miteinanders vorgelebt hat.
Wir danken dir, dass Jesus Christus uns auf dein Wort in Tora und Propheten gewiesen hat, um in seiner Nachfolge unsere Mitwelt schon etwas spüren zu lassen von deinem Friedensreich, auf das wir warten.

So wenden wir heute unseren Blick auf die Menschen, die darunter leiden, dass wir ihnen den Weg deiner Gerechtigkeit vorenthalten:
Wir bitten dich, Gott, für die vielen Kinder, Frauen und Männer auf dieser Welt, die ohne jede Rechtssicherheit leben müssen, die vor den Willkürentscheidungen der Mächtigen durch nichts geschützt sind, dass sie die Wohltat einer durch faire Gesetze gesicherten Ordnung erfahren.
Wir bitten dich, dass Jüdinnen und Juden zusammen mit Christinnen und Christen ihre Stimme erheben gegen alle ungerechten Herrschaftsformen und Wirtschaftspraktiken und ihnen deine Wegweisung für diese Welt entgegensetzen.
Wir bitten dich für die Menschen, die ihrer Würde beraubt werden, weil den Reichen und Mächtigen ihr eigener Profit wichtiger ist als gute Arbeitsbedingungen für ihre Mitmenschen, weil den Einflussreichen eine ständige Gewinnsteigerung wichtiger ist als der Erhalt von Arbeitsplätzen und die Übernahme sozialer Verantwortung.
Wir bitten dich für uns selbst, dass deine Tora uns zur Umkehr führt da, wo wir uns und unseren Mitmenschen und Mitgeschöpfen schaden. Wir bitten dich, dass wir ein gesundes Maß finden zwischen Arbeit und Ruhe, wir bitten dich, dass die Beziehungen zu unseren Nächsten von Liebe bestimmt werden und dass wir die Tiere nicht ausbeuten und quälen.
Bewahre uns aber auch vor falscher Gesetzlichkeit und lass uns erkennen, wo Recht und Gesetz nicht mehr den Menschen dienen, sondern durch Barmherzigkeit und Liebe überboten werden müssen.

Segen

adonai/gott: *Es ist entweder adonaj oder gott zu lesen.*
Segnen möge dich adonai/gott und dich beschützen.
Aufleuchten lassen möge adonai/gott das göttliche Angesicht für dich
und dir gnädig sein.
Wenden möge adonai/gott das göttliche Angesicht zu dir und dich umgeben mit Frieden.
Übersetzung von Frank Crüsemann

Silke Alves-Christe

Totensonntag
Das Buch Jesaja 25,8-9a

Frank Crüsemann und
Hanne Köhler

Zum Text

Wie Gott am Anfang dem ersten Menschenpaar persönlich Kleider näht (Gen 3,21), so ist es am Ende die Geste einer Mutter, die ihr Kind tröstet, ihm die Tränen abwischt und die Nase putzt, mit der Gott sich als Mutter aller erweist und damit allen Glauben und alle Hoffnung ins Recht setzt: »Schau doch, dies ist unsere Gottheit, auf sie haben wir gehofft.« Das sagt zuerst und im Text Israel – aber der christliche Glaube ist die Zustimmung: Wir hoffen angesichts des Todes auf den Gott Israels.
Dieser Erweis der Gottheit Gottes ist der Zielpunk aller biblischen Aussagen, in ihm ist die Fülle der Schrift zusammengefasst, denn, wie der auferstandene Jesus lehrt, handelt die ganze Schrift, reden »Mose und alle Propheten und alle Schriften« von dem Gott, der die Toten erweckt (Lk 24,27). Es gibt aber nach wie vor angebliche Selbstverständlichkeiten in der Theologie und Konsense in der Wissenschaft, die diese Identität Gottes infrage stellen und die Erkenntnis, um die es geht, verhindern, wodurch die Fülle beschränkt oder ins Gegenteil verkehrt wird. Wer also ist »unsere Gottheit«, auf die wir hoffen?

1.

Da ist der verbreitete Konsens der Bibelwissenschaft, tief in Herzen von Pfarrern und Pfarrerinnen verankert, die Macht des Gottes Israels ende an der Schranke des Todes, und es gäbe nur wenige Stellen wie diese am Rande des Alten Testamentes und in seiner Spätzeit, in denen eine andere Sicht beginnt, eine Sicht, die dann die des Neuen Testamentes und des Christentums sei. Das ist vermutlich eine der wirkmächtigsten Thesen zur religiösen Minderbewertung des Alten Testamentes. Sie macht aus dem Gott, von dem der erste Teil unserer Bibel spricht, eine Art Wüstendämon, deutlich unterschieden von allem, was wir Gott nennen (und führt oft genug zu der Meinung, die Auferstehung der Toten gehöre nicht zum jüdischen Glauben). Doch der Tod ist eine große Macht und dementsprechend in allen polytheistischen Religionen eine der mächtigsten Gottheiten überhaupt. Israel konnte keinen Moment an die Einheit Gottes glauben, Gott lieben »mit deinem ganzen Herzen und mit deiner ganzen Seele und mit deiner ganzen Kraft« (Dtn 6,5), wenn der Tod nicht der Macht dieser Gottheit untersteht. Es gibt allerdings nicht eine einzige normative und dogmatische Lehre dazu, es findet sich vielmehr eine große Fülle von Bildern und Vorstellungen, in denen von dieser Macht Gottes geredet wird. In allen geht es darum, dass Gott, wie ihn Israel im Exodus erfahren hat, als Macht von Freiheit und Gerechtigkeit, auch durch den Tod keine Grenze gesetzt werden kann. Da gibt es den Baum des Lebens, uns entzogen und immer gesucht; da kann Gott Menschen wie Elia lebendig zu sich in den Himmel holen; seine Propheten wecken Tote wieder auf, wie es in ihrer Nachfolge dann auch Jesus tut; Propheten drohen und Hymnen besingen, dass man Gott auch in der Unterwelt nicht entgehen kann; die erfahrene Gottesnähe ist für den Beter des 73. Psalms unzerstörbar, denn Gott nimmt mich bei der Hand und lässt mich nicht los; da gibt es schließlich die Vorstellung der Wiedererweckung der Toten, wie sie Ezechiel in einem Bild schaut und Daniel ankündigt. Und da ist schließlich unser Text: Gott frisst den Tod einfach auf und wischt die Tränen von jedem Antlitz. Diese Fülle der Bilder ist keine Schwäche, sondern eine Stärke, denn sie entspricht der Fülle sprachlicher Bilder für Gott selbst. So wenig wir uns Gott vorstellen können (und sollen), so wenig ist fassbar, wie Gottes Sieg über den Tod aussehen wird. Der spezifische Beitrag unseres Textes liegt in der Grundsätzlichkeit seiner Zusage: Nicht einzelne Tote werden erweckt, nicht die Gerechten kommen wieder zum Leben oder die Toten werden gerichtet, sondern es ist der Tod selbst, der getötet, genauer verschlungen, aufgefressen, endgültig abgeschafft wird.

2.

Die Identität Gottes hängt wie die von Menschen nicht zuletzt an Gottes Namen. Und obwohl wir Christen in jedem Gottesdienst beten »dein Name werde geheiligt«, ist die Tradition des Gottesnamens verloren gegangen und die wenigsten wissen, was sie da beten. Mit dem Namen ist zugleich das Wissen um die Schutzbedürftigkeit des Namens, sein Geheimnis, seine Unaussprechbarkeit verloren gegangen, das Wissen, dass die Heiligung des Namens immer zuerst die Beachtung des Gebots bedeutet, den Namen nicht zu missbrauchen. Schon in biblischer Zeit wird das Tetragramm JHWH nicht mehr ausgesprochen. Die Benutzung der (unsicheren) wissenschaftlichen Rekonstruktion seiner Aussprache widerspricht der ausdrücklichen Anweisung der hebräischen Bibel, etwas anderes an seiner Stelle zu lesen, und macht die zaghaften Annäherungen an das Judentum immer aufs Neue zunichte. Der Anstoß, endlich wieder nach dem Namen Gottes zu fragen, kam nicht zuletzt aus der zunehmenden Anstößigkeit der üblichen Ersetzung des Namens durch *Kyrios* bzw. *Herr* in den Übersetzungen, wodurch die männlichen Gottesbilder der Bibel ganz erheblich verstärkt und letztendlich jeder heutige Herr Soundso in die Nähe des *Herrgotts* gerückt wurde – und umgekehrt.

Jede Bibelübersetzung muss unvermeidlicherweise hier eine Entscheidung treffen – im Falle fragwürdig gewordener Traditionen wie der antijüdischen und patriarchalischen christlichen sind neue Wege zu beschreiten. Wie aber kann eine angemessene Wiedergabe aussehen, die als Name erkennbar ist und dennoch das Geheimnis des Namens wahrt? Es kann dafür hilfreich sein, sich die Fülle der Möglichkeiten in jüdischer Lektüre und Übersetzungsformen zu vergegenwärtigen und an ihr teilzuhaben. Die wichtigste, vor allem in Gottesdienst und Liturgie benutzte Aussprache lautet *adonaj*. Das ist zwar eine Variante von *Herr*, aber stellte eine sprachliche Sonderform dar, die nur für Gott benutzt wird und also nicht mit der Anrede an jeden Mann identisch ist (und die im Deutschen wie ein Name wirkt). Daneben gibt es die Lesart *haschem*, also »der Name«, oder (wie in der Biblia Hebraica, die Pfarrer und Pfarrerinnen im Schrank haben) in der aramäischen Version *schma*. In der jüdischen feministischen Theologie wird of *schechina* verwendet, der weibliche Begriff für die »Einwohnung« Gottes in der Welt und in seinem Volk, aber auch *hamaqom*, »der Ort/Raum« Gottes, und *bina*, die »Weisheit/Erkenntnis«. Die Wiedergabe des deutschen Judentums seit Moses Mendelssohn erster jüdischer Übersetzung der Tora war *der Ewige*, heute wird man *die Ewige* dazufügen. Martin Buber hat in seiner Bibelübersetzung mit den Personalpronomina gespielt: *Ich, Du, Er*. Man kann weitere Möglichkeiten in die Überlegungen einbeziehen: Z.B. *SIE* oder statt des traditionellen HERR ein erkennbar geschriebenes GOTT. Aus der Selbstvorstellung Gottes in Ex 3,14 (»*Ich bin* hat mich zu euch gesandt«) und seiner Infragestellung in Hos 1,9 hat man mancherorts mit einer Wiedergabe durch *Ich bin da; er/sie ist da* operiert. Die *Bibel in gerechter Sprache* wird alle diese Möglichkeiten eröffnen, solange durch graphische Heraushebung für jede Leserin eindeutig erkennbar ist, dass es dabei um eine Wiedergabe des Gottesnamens selbst, des Tetragramms geht. Die Eingewöhnung in den Namen Gottes und den Umgang mit ihm kann, so ist zu hoffen, ein Beitrag zur Ermöglichung der Wiedererkennung sein: »Schau doch, dies ist unsere Gottheit, auf sie haben wir gehofft.«

Frank Crüsemann

Zum Gottesdienst

Die Angehörigen der Verstorbenen aus der Gemeinde werden schriftlich zu diesem Gottesdienst eingeladen. Im Gemeindebrief und/oder in den üblichen Medien der Gemeinde erscheint eine Ankündigung, dass in diesem Gottesdienst

der Verstorbenen des vergangenen Jahres namentlich gedacht werden soll. Dabei steht auch der Hinweis: »Wenn Sie um eine Person trauern, die nicht Mitglied dieser Gemeinde war, und wollen, dass auch ihr oder sein Name im Gottesdienst laut wird, dann lassen Sie uns bitte diesen Namen wissen.«
Im Eingangsbereich des Gottesdienstraumes gibt es Gelegenheit, einem Mitglied des Kirchenvorstandes evtl. noch fehlende Namen zu nennen. Diese Namen werden für das Gedenken – in der Liturgie und als Namensschild auf dem Altar – ergänzt. Entsprechend wird eine größere Zahl von Dauergrablichtern oder Kerzen bereitgehalten.
Die Abendmahlsliturgie ist von der Form her bewusst traditionell gestaltet, da mit der Teilnahme von Christinnen und Christen anderer Konfession zu rechnen ist. Da wesentliche Teile von der Gemeinde gesprochen werden, ist ein Gottesdienstblatt unverzichtbar. Darauf kann dann auch der Abschnitt aus dem Jesajabuch abgedruckt werden.

Liturgischer Gruß

LiturgIn: Der Friede Gottes sei mit euch.
Gemeinde: Der Friede Gottes sei mit dir.

Begrüßung mit biblischem Votum

Stark wie der Tod ist die Liebe. So hartnäckig wie die Macht eines Lebens, lebendig begraben, ist meine Leidenschaft. Ihre Flammen sind heiße Feuer, sind Funken Gottes.
Hld 8,6b; Übersetzung von Ulrike Eichler

Stark wie der Tod ist die Liebe. Heute, in diesem Gottesdienst erinnern wir unsere Verstorbenen. Unsere Liebe hat sie nicht vor dem Tod bewahren können. Heute sprechen wir noch einmal ihre Namen aus und zünden ein Licht für sie an. Unsere Liebe reicht über den Tod hinaus. Stark wie der Tod ist die Liebe. In der Liebe Gottes sind wir heute verbunden, auf beiden Seiten der Grenze Tod, die Lebenden und die Toten.

Lied nach Ps 27

Refrain:
Mögen Engelchöre dir nun singen,
dich heimbringen zum Paradies.
Möge Gott dich grüßen voll Erbarmen –
find in Gottes Armen Ewigkeit!

1. Du, ach Gott,
bist mein Licht und mein Heil.
Du beschützt mich. Ich baue darauf.
Ich lebe aus Kraft, die du schenkst.
Wovor sollte mir grauen mit Furcht?

2. Schon zur Lebenszeit bitt ich um eins,
wo es geht, Gott, erfüll mir den Wunsch,
zu wohnen im Haus, das du baust,
aufgehoben zu sein, wo du bist.

3. Du, ach Gott,
kennst die Tränen, mein Leid.
Sei mir gnädig und antworte mir.
Verstoße mich nicht, wenn du zürnst;
bleib die Kraft, die mir hilft, die mich führt.

4. Und wir werden Gott seh'n. Ganz gewiss.
Werden leben und lachen vor Glück.
Sei stark nun, mein Herz, sei getrost,
auch im Sterben hält uns Gottes Hand.

Mögen Engelchöre ...

Gebet

Von dir und zu dir leben wir, Gott.
Du hast uns bei unseren Namen gerufen,
wir sind dein.
Hineingenommen in deine Wahrheit
leben wir aus dir,
Quelle des Lebens,
in Jesus Christus Mensch geworden
und in heiliger Geistkraft uns nahe.
Von dir und zu dir leben wir, Gott.
Du hast uns bei unseren Namen gerufen
und dann deinen Namen auf uns gelegt.
Dass du uns bewahrst
im Leben und im Sterben und über den Tod hinaus,
dies bitten wir
mit Jesus Christus.

Lesung: 1 Kor 15,35-38.42-44a.

35 Es könnte gefragt werden: »Wie werden die Toten auferstehen? Mit was für
einem Leib werden sie kommen?«
36 Das sind dumme Fragen. Wenn du ein Samenkorn säst, wird es nicht leben-
dig, wenn es nicht erst gestorben ist. 37 Und was du säst, ist nicht das Lebewe-
sen, das erst entstehen wird, sondern ein nacktes Korn, ob nun von Weizen
oder was anderem. 38 Gott gibt die Körper in göttlicher Weisheit und einem je-
den einzelnen Samenkorn einen besonderen Leib.

42So geschieht auch die Auferstehung der Toten. Gesät werden Vergängliche,
aufstehen werden Lebendige. 43Gesät werden Erniedrigte, aufstehen werden Er-
höhte. Gesät werden Zerbrechliche, aufstehen werden Menschen voller Kraft. 44Ge-
sät wird ein lebendiger Leib, aufstehen wird ein Leib, den Gottes Geist erfüllt.
Übersetzung von Luise Schottroff

Predigtvorschlag

Jes, 25,8-9a

adonai/gott: *Es ist entweder adonaj oder gott zu lesen.*

8Gott über alles, adonai/gott, verschlingt den Tod auf immer
und wird die Träne von jedem Antlitz abwischen.

Keine Hoffnung brauchen wir heute mehr als diese. Und doch gilt der Abschnitt aus dem Jesajabuch zuallererst nicht einmal uns.

8Gott über alles, adonai/gott, verschlingt den Tod auf immer
und wird die Träne von jedem Antlitz abwischen.
Die Schmach Israels wird Gott von der ganzen Erde wegnehmen,
denn adonai/gott hat's versprochen.
9An jenem Tag werden sie sagen:
»Schau doch, dies ist unsere Gottheit,
auf sie haben wir gehofft.«
Übersetzung von Magdalene L. Frettlöh

Hier geht es zunächst um eine Zusage an Israel. Nach allem Schrecken will Adonaj auf dem Zionsberg ein Festmahl für alle Völker ausrichten und Israel wird sagen: »Schau doch, dies ist unsere Gottheit, auf die wir gehofft haben – und wir haben nicht vergeblich gehofft.« Wenn wir die Zeitungen aufschlagen und die Nachrichten hören, dann wissen wir, dass die Zustände in Jerusalem bis heute andere sind. Aber genauso wie Israel trotz allem Scheitern festhält an dieser Hoffnung, die nicht auf das eigene Volk beschränkt ist, sondern Gottes großes Festmahl für alle Völker erwartet, so halten wir für uns fest an dieser Hoffnung, die nicht allein die Auferstehung einzelner Verstorbener erwartet, sondern dass Gott den Tod verschlingt auf immer. Wir halten fest an der Hoffnung, dass Gott mächtiger ist als der Tod. Wir haben erfahren, wie der Tod in unser Leben hineinbricht, ein Lücke reißt. Dabei haben wir vielleicht auch erfahren, dass unsere Liebe stark ist wie der Tod; nicht schwächer, unsere Liebe hört mit dem Tod ja nicht auf; aber auch nicht stärker, sonst hätten wir manchen Tod verhindern können. Es ist sehr viel: Zu erleben, dass unsere Liebe stark ist wie der Tod. Und doch: Es gibt eine größere Hoffnung.

»Schau doch, dies ist unsere Gottheit, auf sie haben wir gehofft«, »Gott über alles, $\frac{\text{adonai}}{\text{gott}}$, verschlingt den Tod auf immer und wird die Träne von jedem Antlitz abwischen.« So hofft Israel mit dem Propheten Jesaja und so hoffen wir als christliche Kirche mit dem Propheten Jesaja. Diese Hoffnung wird unterstrichen im Buch der Offenbarung:

»Siehe, das Zelt Gottes kommt zu den Menschen!
So wird Gott unter ihnen wohnen,
und sie werden Gottes Völker sein
und Gott selbst wird mit ihnen sein.
Und Gott wird abwischen alle Tränen
von ihren Augen, und der Tod wird nicht mehr sein,
noch Leid noch Geschrei noch Schmerz wird mehr sein …«
Offb 21,3-4; Übersetzung von Luzia Sutter Rehmann

Auffällig ist der weite Horizont, Israel *und* die Völker, die einzelne Träne im Gesicht wird abgewischt *und* der Tod wird verschlungen. All das geschieht, weil Gott da ist, weil Gott unter den Menschen wohnt, erfahren wurde und weiterhin erfahren werden kann als befreiend.
Da, wo in Ihrer modernen Übersetzung dieses seltsame Zeichen steht, $\frac{\text{adonai}}{\text{gott}}$, steht im hebräischen Original der unaussprechliche Name Gottes. Ist uns noch bewusst, dass Gott einen Namen hat? Wir beten zwar, »geheiligt werde dein Name«, aber wer denkt sich noch etwas dabei?
Dort stehen vier Buchstaben, von denen wir heute nicht mehr genau sagen können, wie sie ausgesprochen wurden. Denn im Judentum gibt es eine große Scheu, den Gottesnamen auszusprechen. Dahinter steckt die Vorstellung, dass, wer jemand beim Namen nennen kann, auch Macht über die Person hat. Gott aber ist für uns nicht verfügbar, entzieht sich allem, was wir sagen und denken können. Im Judentum wird an der Stelle dieses unlesbaren Namens etwas anderes gelesen. Was genau gelesen wird, kann wechseln, je nachdem, ob Gott angeredet wird, oder ob etwas über Gott gesagt wird. Es kann auch unterschiedlich sein zwischen den einzelnen jüdischen Richtungen. Vielfach wird jedoch adonaj gesagt, so wie ich es vorhin vorgelesen habe. Adonaj als Merkzeichen für den unlesbaren Namen Gottes. Auch wenn der Name Gottes – das, was wirklich im hebräischen Original steht – für uns unlesbar ist, so gibt es doch den Versuch zu ergründen, was dieser Name bedeutet. Wir kennen das beispielsweise von den Vornamen und können dann wissen, dass Philipp »Pferdefreund« heißt und Claudia »die Hinkende« bedeutet. Das macht deutlich, das die Bedeutung oder Übersetzung des Namens nur bedingt Auskunft über die angeredete Person gibt. Allerdings ist das mit den biblischen Namen anders, die an vielen Stellen gerade in ihrer Bedeutung wichtig sind. Die erste Frau wird Eva genannt, Eva, denn sie wur-

de zur Mutter aller, die leben, und genau diese Bedeutung schwingt im Namen Eva mit.
Wenn biblische Namen so bedeutungsschwer sind, dann legt sich nahe, dass dies auch für den Namen Gottes gilt. Gottes Name scheint sich von dem Verb »sein, da sein, wirksam sein« abzuleiten (vgl. Ex 3,14-15). Wir können es nicht abschließend definieren, vor allem nicht eine Deutung für richtig und die anderen für falsch erklären. Auch hierin entzieht sich Gottes Name unserer Bemächtigung und gleichzeitig tritt uns im Namen Gottes eine Fülle von Zusagen entgegen. Denn Gottes Name scheint so etwas zu bedeuten wie: Ich bin, wer ich bin – Ich werde sein, wer ich sein werde – Ich bin da – Ich bin für euch da, wirksam – Hier bin ich.
Vom Gottesnamen zurück zu unseren Namen: Wie wichtig Namen sind, ist uns in Zeiten der Trauer besonders bewusst. Mit dem Namen (bei engen Beziehungen auch mit dem Kosenamen oder mit einer gewohnten Anredeform wie Oma) erinnern wir eine Person, die gemeinsame Geschichte, diesen unverwechselbaren Menschen mit Ecken und Kanten, mit liebenswürdigen Seiten, mit besonderen Charaktereigenschaften, mit dem ganz eigenen Lebensweg. Wir sagen den Namen, in Gedanken, flüsternd, laut, alleine oder im Gespräch mit anderen, und der Name ruft Bilder wach, ruft die gemeinsame Geschichte vor Augen, stellt die Namensträgerin, den Namensträger in den Raum und macht gleichzeitig den Verlust, die Lücke schmerzlich deutlich.
Menschen neigen dazu, sich selbst einen Namen zu machen, ihren Namen zu verewigen. Wenige haben die Chance und können einem Stern, einer Erfindung, einem Schriftsatz ihren Namen geben, wenige schreiben Bücher, die die Zeit überdauern. Andere ritzen ihren Namen in Holz, schreiben ihn an Wände ... Den eigenen Namen verewigen – der Wunsch, der Name und damit die Erinnerung möge bleiben, nicht nur auf dem Grabstein, sondern mitten im Leben, ist vielen vertraut. Wenige Männer und noch weniger Frauen sind tatsächlich in der öffentlichen Erinnerung präsent, in Namen von Straßen und Plätzen, von Schulen und Zügen, oder auch an Gedenkstätten, auf Gedenktafeln. Wenn der Platz nicht mehr ausreicht, alle Namen der Getöteten aufzuführen, spätestens dann wird das namenlose Grauen augenfällig. Es gibt anscheinend auch im Leid noch eine Steigerung. Das Schlimmste, wenn der Tod einmal eingetreten ist, scheint zu sein, dass niemand da ist, um den Namen zu erinnern. Als ob in Gott nicht alle Namen und alle mit diesen Namen Gerufenen aufgehoben wären.
Als christliche Gemeinde glauben wir, dass die Gemeinschaft der Heiligen, die wir im Apostolischen Glaubensbekenntnis bekennen, nicht an Raum und Zeit gebunden ist. Zur Gemeinschaft der Heiligen gehören auch die, die vor uns an Gott geglaubt haben, und die, die nach uns an Gott glauben werden. Wenn wir nachher Brot und Kelch teilen, dann sind wir eingegliedert in den Leib Christi, hier und überall, zu dieser Zeit und zu jeder Zeit. Kein Tod trennt

uns von diesem Leib Christi, kein Tod lässt uns aus der Gemeinschaft der Heiligen fallen.
Wir sagen Gott also nichts Neues, wenn wir die Namen derer aussprechen, die im vergangenen Jahr gestorben sind. Aber wir erinnern uns selbst, erinnern Gott an die versprochene Treue und rufen mit den Namen diese einmaligen Ebenbilder Gottes in unsere Mitte.
»Schau doch, dies ist unsere Gottheit, auf sie haben wir gehofft …«.

Gedenken mit Kyrie und Gloria

Gott, in deiner Liebe sind wir heute verbunden, auf beiden Seiten der Grenze Tod, die Lebenden und die Toten. Wir rufen dir und uns diejenigen ins Gedächtnis, die im vergangenen Jahr gestorben sind.
Die Namen werden gelesen, jeweils Vor- und Nachname, ggf. auch ein davon abweichender Geburtsname. Für jede Person wird ein Dauergrablicht entzündet und – zum vorbereiteten Namensschild – auf den Altar gestellt, auf dem schon Brot und Kelch bereitstehen. Wo immer möglich, sollte zum Anzünden die Osterkerze dienen. Zum Abschluss werden drei Lichter angezündet, für die, deren Namen nicht laut genannt wurden.

Gott, deine Liebe kennt keine Grenzen.
Sammle du sie ein,
die Bruchstücke dieser Leben,
alles, was gewesen ist,
was noch hätte sein können
und auch das, was noch weiter wirkt.
In deinen Augen wird alles heil und ganz.
Befreie uns von allem, was wir einander schuldig blieben.
Befreie uns zu allem, was jetzt an der Zeit ist.

Kyrie eleison *(gesungen)*

Gott über alles, adonai/gott, verschlingt den Tod auf immer
und wird die Träne von jedem Antlitz abwischen. (Jes 25,8)
In dieser Hoffnung mit Israel vereint, singen wir
»Laudate omnes gentes« (EG 181.6; nur der lateinische Text)

Abendmahl

Lit.: Gepriesen seist du, Gott, du Kraft des Lebens,
auch über den Tod hinaus.

Du schenkst uns dieses Brot,
die Frucht der Erde und der menschlichen Arbeit.
Lass es zum Brot des Lebens werden.

Gem.: Gepriesen sei Gott in Ewigkeit.

Lit.: Du schenkst uns diesen Saft,
die Frucht des Weinstocks
und der menschlichen Arbeit.
Lass ihn zum Kelch des Heils werden.

Gem.: Gepriesen sei Gott in Ewigkeit.

Lit.: Wie die Körner von den Feldern und die Beeren
von den Weinbergen jetzt auf diesem Tisch
vereint sind in Brot und Saft,
so lass alle versammelt werden
von den Enden der Erde in deinem Reich.

Gem.: Komm, Jesus Christus.

Lit.: Friede sei mit euch.

Gem.: Und mit deinem Geist.

Lit.: Erhebet eure Herzen.

Gem.: Wir erheben sie zu Gott.

Lit.: Lasst uns Gott danksagen.

Gem.: Das ist würdig und recht.

Lit.: Ja, es ist würdig und recht, dich zu preisen und
dir immer und überall zu danken.
Du hast die Schöpfung ins Leben gerufen
und lässt Tag und Nacht werden.
Deine Liebe bleibt und deine Treue auf Dauer.
Du hast die Menschen nach deinem Bilde geschaffen,
dass sie an deinem Leben teilhaben
und deinen Glanz widerspiegeln.
Als die Zeit erfüllt war, gabst du uns Christus
als den Weg, die Wahrheit und das Leben.
Darum, Gott,
verkündigen wir mit allen Engeln und Heiligen
und singen mit ihnen das Lob deiner Wunder.

Gem.: Sanctus-Lied: EG 331,2

Lit.: Gott, du Atem des Lebens, du bist heilig,
und dein Ruhm kennt keine Grenzen.
Sende deine Leben spendende Geistkraft,
dass dieses Brot und dieser Kelch
uns verbinden mit Jesus Christus.

Gem.: Komm, du Geist des Lebens.

Lit.: Erfülle uns mit deinem Frieden,
wenn wir nun tun, was Jesus Christus geboten hat:

Alle: In der Nacht vor seinem Tod
nahm Jesus das Brot, sprach das Dankgebet,
brach das Brot, gab es ihnen und sprach:
Nehmt hin und esst; das ist mein Leib, der für euch
gegeben wird. Solches tut zu meinem Gedächtnis.
Desgleichen nahm Jesus nach dem Mahl den Kelch,
sprach das Dankgebet, gab ihnen den Kelch
und sprach:
Nehmt hin und trinkt alle daraus;
dieser Kelch ist das neue Testament in meinem Blut,
das vergossen wird für viele.
Solches tut, sooft ihr's trinkt, zu meinem Gedächtnis.

Lit.: So feiern wir das Gedächtnis unserer Befreiung,
die Geburt, das Leben und den Tod Jesu Christi unter uns.
Wir verkündigen die Auferstehung Christi.
Ganz bei Gott tritt Christus für alle Menschen ein.
Wir warten darauf, dass Christus wiederkommt.

Gem.: Komm, Jesus Christus.

Lit.: Erfülle uns mit heiliger Geistkraft,
wenn wir Brot und Kelch empfangen,
dass wir ein Leib und ein Geist werden in Christus,
zum Lob deiner Wunder in unserem Leben.

Gem.: Komm, du Geist des Lebens.

Lit.: Durch Jesus Christus haben wir Zugang zu Gott.
Darum lasst uns als Söhne und Töchter Gottes
miteinander beten, wie Jesus es uns gelehrt hat:

Alle: Vater unser

Lit.: Jesus Christus,
du hast deinen Freundinnen und Freunden versprochen:
Den Frieden lasse ich euch,
meinen Frieden gebe ich euch.
Gewähre uns allezeit diesen Frieden.

Gem.: Amen.

Lit.: Der Friede Gottes sei mit euch.

Gem.: Und mit deinem Geist.

Lit.: Lasst uns einander ein Zeichen der Versöhnung und des Friedens geben und zu unserer Nachbarin, zu unserem Nachbarn sprechen: Friede sei mit dir.

Friedensgruß

Austeilung des Abendmahls

Wir kommen nun in einen großen Kreis um den Altar und den ganzen Gottesdienstraum und wissen, unser Kreis ist weiter, als unser Auge reicht.

Austeilung

Fürbitten

Hier-bin-ich, ist dein Name, Gott.
Wie schwer fällt es, dir zu glauben,
wenn Trauer uns das Herz schwer werden lässt!
Trotzdem bitten wir dich:
Nimm du auf
alle, die durch den Tod aus unserer Mitte gerissen wurden.
Sie fehlen uns.
Blick sie an mit deiner Güte
und hilf uns,
mit unseren Erinnerungen weiterzuleben.

> Geheiligt werde dein Name.
> Dein Reich komme. Dein Wille geschehe.

Hier-bin-ich, ist dein Name, Gott.
Wir bitten dich,
sei jetzt auch bei allen,
die unter Gewalt und Hunger leiden.
Befreie von dem menschengemachten Sterben vor der Zeit
und wehre allen Todesstrukturen,
auch durch uns.

> Geheiligt werde dein Name.
> Dein Reich komme. Dein Wille geschehe.

Hier-bin-ich, ist dein Name, Gott.
Wir bitten dich,
sei du jetzt bei allen, die sich in Israel und Palästina
für Frieden und Gerechtigkeit einsetzen.
Befreie aus der Spirale der Gewalt,
mach deinen Namen wahr
und wisch die Tränen ab, von jedem Gesicht,
von jedem.

Geheiligt werde dein Name.
Dein Reich komme. Dein Wille geschehe.

Hier-bin-ich, ist dein Name, Gott.
Wir kennen so viele, die deine Nähe erfahren sollten,
und nennen dir in der Stille ihre Namen
Stille

Geheiligt werde dein Name.
Dein Reich komme. Dein Wille geschehe.

Segen

Gott segne dich und behüte dich.
Gottes Angesicht leuchte über dir;
Gott sei dir gnädig.
Gottes Angesicht sei über dir erhoben;
Gott gebe dir Frieden.
nach Num 6,24-26; Übersetzung von Annette Böckler

Die Dauergrablichter können von den Angehörigen mitgenommen werden, vielleicht zum Grab, vielleicht zu einem anderen Ort der Erinnerung. Die Lichter, die in der Kirche bleiben, können dort zu Ende brennen, ggf. aus feuerpolizeilichen Gründen nicht auf dem Altar, sondern an einer anderen Stelle in der Kirche oder auf dem Friedhof.

Liedvorschläge

- »Korn, das in die Erde« (EG 98)
- »Mir ist Erbarmung widerfahren« (EG 355,1+3-4)
- »So nimm denn meine Hände« (EG 376)
- »In dir ist Freude« (EG 398)
- »Morgenglanz der Ewigkeit« (EG 450)
- »Wir strecken uns nach dir« (EG Hessen 625)
- »Dona nobis pacem in terra« (Iona) z.B. abgedruckt in: Feiern & Loben. Die Gemeindelieder, Holzgerlingen – Witten – Kassel – Haan 2003, Nr. 73
- »Du gibst die Saat und auch die Ernte« (EG Hessen 649)
- »Meine Hoffnung und meine Freude« (Jacques Berthier/Taizé)

Hanne Köhler

Die Autorinnen und Autoren

Pfarrerin Silke Alves-Christe, Baden-Baden
PD Dr. Ulrike Bail, Bochum, Mitherausgeberin der Bibel in gerechter Sprache
Prof. Dr. Frank Crüsemann, Bielefeld, Mitherausgeber der Bibel in gerechter Sprache
Dr. Marlene Crüsemann, Bielefeld, Mitherausgeberin der Bibel in gerechter Sprache
Pfarrerin Dr. Irene Dannemann, Bad Vilbel
Pfarrer Erhard Domay, Landau, Mitherausgeber der Bibel in gerechter Sprache
Prof. Dr. Jürgen Ebach, Bochum, Mitherausgeber der Bibel in gerechter Sprache
PD Dr. Magdalene L. Frettlöh, Bochum
Pfarrerin Barbara Görich-Reinel, Gießen
Pfarrerin Dr. Ute Grümbel, Hamburg
Dr. Reinhard Höppner, Magdeburg, Mitglied des Beirats zur Förderung, Unterstützung und Begleitung des Projektes »Bibel in gerechter Sprache«
Pfarrerin Renate Höppner, Magdeburg, Mitglied des Beirats zur Förderung, Unterstützung und Begleitung des Projektes »Bibel in gerechter Sprache«
PD Dr. Claudia Janssen, Marburg, Mitherausgeberin der Bibel in gerechter Sprache
Pfarrerin Hanne Köhler, Flörsheim, Mitherausgeberin der Bibel in gerechter Sprache
Prof. Dr. Helga Kuhlmann, Paderborn, Mitherausgeberin der Bibel in gerechter Sprache
Vikarin Karin Lehmeier, Altenstadt
Pfarrerin Dr. Annette Mehlhorn, Frankfurt/Main
PD Dr. Matthias Millard, Detmold
Pfarrerin Bettina Naumann, Leipzig
Pfarrer Georg Pape, Frankfurt/Main
Heidi Rosenstock, Schwalbach, Mitglied des Beirats zur Förderung, Unterstützung und Begleitung des Projektes »Bibel in gerechter Sprache«
Prof. Dr. Angela Standhartinger, Marburg
Pfarrerin Christiane Thiel, Leipzig

Quellennachweis

S. 11, Bettina Eltrop, aus: Erhard Domay und Hanne Köhler (Hg.): der gottesdienst. Liturgische Texte in gerechter Sprache, Bd. 4: Die Lesungen, © Gütersloher Verlagshaus, Gütersloh 2001, S. 22. – **S. 16,** Eugen Eckert, © Strube Verlag, München/Berlin. – **S. 16f.,** Wolfgang Dietrich, aus: ders.: Es ist ein Gesang in der Welt. Ein Psalter dieser Tage, Psalm 1-75, © Verlag am Eschbach, Eschbach/Markgräflerland 1999. – **S. 17f.,** Klaus Bastian, aus: Beratungsstelle für die Gestaltung von Gottesdiensten und anderen Gemeindeveranstaltungen (Hg.): Halleluja, Gott, ich freue mich! Psalmtexte für den Gottesdienst, Frankfurt am Main 1996, © beim Autor. – **S. 19,** Hanns Dieter Hüsch, aus: ders./Marc Chagall: Das kleine Weihnachtsbuch, © tvd-Verlag, Düsseldorf 1997, S. 6. – **S. 21f.,** Fulbert Steffensky, aus: ders.: Wer zwingt, kann nicht lehren, in: Junge Kirche (2/1995), S. 70-72, © beim Autor. – **S. 25f. u. 69,** Dorothee Sölle, aus: dies.: Verrückt nach Licht, © Wolfgang Fietkau Verlag, Kleinmachnow/Berlin 1984. – **S. 28,** Angela Standhartinger, aus: Erhard Domay und Hanne Köhler (Hg.): der gottesdienst. Liturgische Texte in gerechter Sprache, Bd. 4: Die Lesungen, © Gütersloher Verlagshaus, Gütersloh 2001, S. 48. – **S. 33f.,** Holger Mingram, aus: Erhard Domay und Hanne Köhler (Hg.): der gottesdienst. Liturgische Texte in gerechter Sprache, Bd. 3: Die Psalmen, © Gütersloher Verlagshaus, Gütersloh 1998, S. 531, © beim Autor. – **S. 34 u. 166,** Magdalene L. Frettlöh, aus: Erhard Domay und Hanne Köhler (Hg.): der gottesdienst. Liturgische Texte in gerechter Sprache, Bd. 4: Die Lesungen, © Gütersloher Verlagshaus, Gütersloh 2001, S. 49, 492. – **S. 35,** Claudia Janssen, aus: Erhard Domay und Hanne Köhler (Hg.): der gottesdienst. Liturgische Texte in gerechter Sprache, Bd. 4: Die Lesungen, © Gütersloher Verlagshaus, Gütersloh 2001, S. 50. – **S. 35f.,** Lothar Zenetti, © beim Autor. – **S. 44 u. 54,** Ulrike Bail und Simone Pottmann, aus: Erhard Domay und Hanne Köhler (Hg.): der gottesdienst. Liturgische Texte in gerechter Sprache, Bd. 4: Die Lesungen, © Gütersloher Verlagshaus, Gütersloh 2001, S. 72, 99. – **S. 44, 54, 70 u. 71f.,** Jürgen Ebach, aus: Erhard Domay und Hanne Köhler (Hg.): der gottesdienst. Liturgische Texte in gerechter Sprache, Bd. 4: Die Lesungen, © Gütersloher Verlagshaus, Gütersloh 2001, S. 573, 151, 151, 151. – **S. 46, 153 u. 154,** Michaela Geiger, aus: Vorläufige Übersetzungen für die »Bibel in gerechter Sprache«, © Gütersloher Verlagshaus, Gütersloh. – *S. 53,* Christa Peikert-Flaspöhler, aus: dies.: mit deinem Echo im Herzen. Neue Psalmen, © Lahn-Verlag, Limburg/Kevelaer 1995, S. 90. – **S. 53f.,** Silke Petersen, aus: Erhard Domay und Hanne Köhler (Hg.): der gottesdienst. Liturgische Texte in gerechter Sprache, Bd. 4: Die Lesungen, © Gütersloher Verlagshaus, Gütersloh 2001, S. 95. – **S. 56 u. 149,** Marlene Crüsemann, aus: Erhard Domay und Hanne Köhler (Hg.): der gottesdienst. Liturgische Texte in gerechter Sprache, Bd. 4: Die Lesungen, © Gütersloher Verlagshaus, Gütersloh 2001, S. 100, 308. – **S. 64,** Matthias Klinghardt, aus: Erhard Domay und Hanne Köhler (Hg.): der gottesdienst. Liturgische Texte in gerechter Sprache, Bd. 4: Die Lesungen, © Gütersloher Verlagshaus, Gütersloh 2001, S. 149. – **S. 74 u. 173,** Annette Böckler, aus: Jonathan Magonet (Hg.): Das jüdische Gebetbuch. Hebräisch – Deutsch, Bd. 1: Gebete für Schabbat, Wochentage und Pilgerfeste, aus dem Hebräischen übersetzt von Annette Böckler, © Gütersloher Verlagshaus, Gütersloh 1997, S. 513, 123 – **S. 81,** Vera-Sabine Winkler, aus: Erhard Domay und Hanne Köhler (Hg.): der gottesdienst. Liturgische Texte in gerechter Sprache, Bd. 3: Die Psalmen, © Gütersloher Verlagshaus, Gütersloh 1998, S. 475, © bei der Autorin. – **S. 86, 110f. u. 144,** Irene Dannemann, aus: Erhard Domay und Hanne Köhler (Hg.): der gottesdienst. Liturgische Texte in gerechter Sprache, Bd. 4: Die Lesungen, © Gütersloher Verlagshaus, Gütersloh 2001, S. 201f., 223, 196. – **S. 95f.,** Sylvia Bukowski, aus: dies.: Lass mich blühen unter deiner Liebe. Gebete zu den Wochenpsalmen, 2. Aufl., Neukirchen-Vluyn/Wuppertal 2003, S. 63, © foedus-verlag, Wuppertal. – **S. 109f.,** Arnold Stadler, aus: ders.: Menschen lügen. Alle., © Insel Verlag, Frankfurt am Main 1999. – **S. 110,** Theresia Hauser, aus: dies.: Von dir berührt. Gebete und Gedanken, © Schwabenverlag, Ostfildern 1999. S. 14. – **S. 123,** Gerlinde Baumann, © bei der Autorin. – **S. 126,** Renate Kirchhoff, aus: Erhard Domay und Hanne Köhler (Hg.): der gottesdienst. Liturgische Texte in gerechter Sprache, Bd. 4: Die Lesungen, © Gütersloher Verlagshaus, Gütersloh 2001, S. 506f. – **S. 130,** Peter Spangenberg, aus: ders.: Höre meine Stimme. Die 150 Psalmen der Bibel übertragen in die Sprache unserer zeit, © Agentur des Rauhen Hauses, Hamburg 1995. – **S. 132,** Annette Weißenrieder, aus: Erhard Domay und Hanne Köhler (Hg.): der gottesdienst. Liturgische Texte in gerechter Sprache, Bd. 4: Die Lesungen, © Gütersloher Verlagshaus, Gütersloh 2001, S. 306f. – **S. 139f.,** Tabelle (Berger), aus: Klaus Berger und Christiane Nord: Das Neue Testament und frühchristliche Schriften, Insel Verlag, Frankfurt am Main 1999. – **S. 139f.,** Tabelle (Stern), aus: David H. Stern: Das Jüdische Neue Testament, © der deutschen Ausgabe, Hänssler Verlag, Holzgerlingen 1994. – **S. 156,** Erhard S. Gerstenberger, aus: Vorläufige Übersetzung für die »Bibel in gerechter Sprache«, © Gütersloher Verlagshaus, Gütersloh. – **S. 163,** Ulrike Eichler, aus: Erhard Domay und Hanne Köhler (Hg.): der gottesdienst. Liturgische Texte in gerechter Sprache, Bd. 4: Die Lesungen, © Gütersloher Verlagshaus, Gütersloh 2001, S. 487. – **S. 165f.,** Luise Schottroff, aus: Erhard Domay und Hanne Köhler (Hg.): der gottesdienst. Liturgische Texte in gerechter Sprache, Bd. 4: Die Lesungen, © Gütersloher Verlagshaus, Gütersloh 2001, S. 532. – **S. 167,** Luzia Sutter-Rehmann, aus: Erhard Domay und Hanne Köhler (Hg.): der gottesdienst. Liturgische Texte in gerechter Sprache, Bd. 4: Die Lesungen, © Gütersloher Verlagshaus, Gütersloh 2001, S. 414/536.